LET'S GO!
IMIGRANDO PARA O CANADÁ

Lila Kuhlmann

LET'S GO!
IMIGRANDO PARA O CANADÁ

1ª Edição

Rio de Janeiro

2016

Copyright© 2016 **Lila Kuhlmann**

Título Original: Let's go! Imigrando para o Canadá

Editor-chefe:
Tomaz Adour

Revisão:
Equipe Vermelho Marinho

Editoração Eletrônica:
Equipe Vermelho Marinho

Capa:
EMS Publicidade – Gabriel Pinheiro

Ícones:
http://br.freepik.com/
https://pixabay.com/

Texto revisado segundo o novo Acordo Ortográfico da Língua Portuguesa.

K9613l	Kuhlmann, Lila
	Let's go! Imigrando para o Canadá / Lila Kuhlmann
	Rio de Janeiro: Vermelho Marinho, 2016.
	280 p. 16x23 cm.
	ISBN: 978-85-8265-076-9
	1. Viagem. 2. Imigração. 3. Canadá. I. Título.
	CDD: 910

EDITORA VERMELHO MARINHO USINA DE LETRAS LTDA
Rio de Janeiro – Departamento Editorial:
Rua Visconde de Silva, 60 / 102 – Botafogo – Rio de Janeiro - RJ
CEP: 22.271-092
www.editoravermelhomarinho.com.br

Dedico este livro

Ao meu marido e filhos, instrumentos da minha evolução, que enxergam o melhor em mim e são o meu maior motivo para sorrir todos os dias.

À minha mãe, declaradamente a minha maior fã e alvo da minha profunda admiração.

Ao meu pai, que me apoiou nessa jornada e me deu força para seguir adiante. Imensa saudade.

Obrigada

À nossa família brasileira e seus agregados no Canadá: Joanna e Sérvulo, Luiza e Rafael, D. Ivanilde e D. Susan, Leila e Thomas, Célia, Cleida e Darwin, Sandra e Brian, Ligia e Mauricio, Mirela e Mauro, Marcia e Eduardo, Marcia e Claudio, Diego e Hannah, Maureen e Jeremy. O Canadá é muito melhor por vocês viverem nele.

Às minhas queridas vizinhas no Canadá Beth, Myriah, Josie, Hoda e suas famílias; à Marisol, Stephanie, Paul, Elizabeth e Ron. Por nos acolherem e tão bem cuidarem de nós. Por sua causa, um pedaço desse maravilhoso país vive dentro de mim.

À Josete Rocha, que me fez acreditar que meus e-mails poderiam se transformar em um livro.

À Josete Rocha e Josélia Rocha, que me guiaram ao longo das versões desta obra e fizeram valiosas sugestões.

À Francisco Schwan, Rafael Uzeda e Carlos Isaac Emmanuel, queridas "cobaias" das diversas versões. Obrigada por seu tempo, carinho e paciência. Palavras não são suficientes para expressar a minha gratidão.

À Karla Garcia e Ana Petersen, pelas generosas orientações.

À Gabriel Pinheiro, da EMS Publicidade, que trabalhou exaustivamente nesta linda capa.

À Rose Lira pelo carinho e cuidado com que trabalhou os detalhes e organização para a diagramação, dando forma ao livro.

À Luiza de Camaret e Marcos DeBrito por me guiarem com tanta generosidade no "caminho das pedras" para a publicação.

Aos meus três filhos, pelo olhar carinhoso recebido sempre que me viam sentada em frente ao computador.

Ao meu filho caçula que, juntamente com este livro, iniciou em mim um maravilhoso processo de autoconhecimento.

Ao meu marido, que mais do que acreditar nesse projeto, sempre acreditou em mim. Todo o meu amor não é suficiente para expressar o tamanho da minha gratidão.

"*É melhor conquistar a si mesmo do que vencer 1.000 batalhas*".

Buda

SUMÁRIO

Introdução   15

PARTE 1 – ESCOLHENDO   19
   Gênese   21

PARTE 2 – ENTENDENDO   25
   E-mail #1   27
   Aterrissagem   30

   E-mail #2   34
   Vida provisória   37
   Adaptação   39

   E-mail #3   43
   Culturalmente diferente   47
   Bem mais jovem do que imaginamos   56

PARTE 3 – APRENDENDO   61
   E-mail #4   63
   Mudanças radicais causam stress   68
   Moradias no sul do Canadá   71

   E-mail #5   75
   Arrimo   82

    E-mail #6   84
    Dirigindo em Ontário   89
    O Brasil no Canadá   94

PARTE 4 – COMEÇANDO   97
    E-mail #7   99
    Lar doce lar   107
    O planejamento   110

    E-mail #8   122
    Saboreie os morangos!   127
    O mundo inteiro no Canadá   129
    Nossos primeiros visitantes canadenses   132
    O inverno   135

    E-mail #9   143
    Trabalho e dignidade   147
    Crédito para imigrantes   155

PARTE 5 – ADAPTANDO-SE   157
    E-mail #10   159
    Enfim, a rotina!   165
    O dia-a-dia da população   167

    E-mail #11   172
    Solidariedade e inclusão   179
    Escolas em Ontário   185

    E-mail #12   197
    Saúde   202
    Transporte Público na GTA   206

PARTE 6 – SABOREANDO   209

    E-mail #13   211

    Calor no Sul de Ontário   215

    Turismo em Toronto e arredores   220

    As estações do ano – não só as árvores trocam de roupa   231

    E-mail #14   235

    Segurança   240

    Fluência é questão de comparação   243

PARTE 7 – RE-ESCOLHENDO   247

    E-mail #15   249

    A proposta   255

    O que é felicidade?   257

    Cônjuge: Como fazer dar certo?   261

    E-mail #16   265

    Um novo capítulo   270

Sites recomendados   275

Contatos da autora   279

INTRODUÇÃO

Devido ao clima de insegurança econômica, à constante escalada da violência social e à crescente frustração com a corrupção no Brasil, um número cada vez maior de pessoas tem considerado a possibilidade de se mudar para outro país, levando consigo o cônjuge e os filhos.

Ao navegar pela internet, é possível encontrar um sem-número de artigos, dados estatísticos e, até mesmo, "casos" de experiências de famílias que emigraram do seu próprio país. A maior parte, contada – ou analisada – sob o ponto de vista da pessoa que conseguiu uma oportunidade profissional no país escolhido, de modo a possibilitar a mudança de toda a família.

Entretanto, ao meu ver, é o cônjuge a pessoa que está mais exposta ao dia-a-dia da nova cidade. Apesar de representar um papel fundamental na adaptação da família e de ser aquele que está mais sujeito aos novos estímulos, nota-se que há poucos relatos segundo o ponto de vista dele.

Enquanto seu parceiro(a) continua trabalhando, e seus filhos permanecem estudando, o cônjuge, na maior parte das vezes, se afasta da sua profissão para poder adaptar a família à nova vida, ao menos no primeiro ano. É ele quem aprende primeiro os caminhos e os meios de transporte, quem descobre os novos produtos, onde encontrar o menor preço, quem lida com os vizinhos, professores, lojistas, médicos... a lista é interminável. Ninguém da família é tão culturalmente bombardeado. O cônjuge está em contato intensivo com a população local, nos mais diversos ambientes. É ele, dentre os membros da sua família, o maior detentor do conhecimento local e, portanto, quem pode falar com mais propriedade sobre a experiência da imigração.

Pois eu sou um cônjuge. A minha família se mudou para Toronto, em 2011, em função do trabalho do meu marido.

Desde o ano de 1990, o Canadá vem aprovando mais de 200 mil pedidos de residência permanente por ano. Por ser um país multicultural, com povo gentil e uma ótima estrutura para receber imigrantes, esse é o destino que mais atrai brasileiros.

Ainda assim, nós enfrentamos algumas dificuldades de adaptação. Porém, juntamente com o *stress* do ajuste cultural, veio o aprendizado do novo país e os benefícios que esse conhecimento acumulado nos trouxe.

Esse livro é destinado a todas as pessoas que possuem interesse pelo Canadá, seja por mera curiosidade, seja pela intenção de emigrar do Brasil. Também é talhado para aquelas que desejam entender o esforço emocional e psicológico necessários até que a fase de adaptação ao novo chegue ao fim e, por fim, para as que buscam informações sobre o processo migratório para esse país.

Embora contenha informações do nosso dia-a-dia, este livro não é um diário. Minha intenção foi compilar o máximo de dados de modo a mostrar, de forma agradável, uma visão pessoal da cultura canadense e da vivência da imigração. Para facilitar a leitura, eu desenvolvo o conteúdo através de quatro abordagens:

- Informações sobre todos os nossos movimentos, desde o nosso planejamento, ainda no Brasil, para fazer a mudança acontecer e para ajudar a nossa adaptação;
- Informações sobre cultura, infraestrutura e serviços;
- Relatos da adaptação familiar à cultura local através dos e-mails pessoais que enviei para a minha família e para os meus amigos;
- Descrição das impressões pessoais sobre a nossa adaptação e sobre o que vivenciamos.

Há um capítulo inteiramente destinado a toda a preparação para fazer a mudança acontecer; entretanto, as orientações sobre documentos, fontes de pesquisa e legislação estão sob a forma de janelas explicativas ao longo do texto e em anexos ao final do livro, de modo a deixar a leitura mais fluida e a atender a todo tipo de leitor, seja aquele que tem interesse em migrar, seja aquele que vê neste livro uma fonte de entretenimento.

Embora os dois últimos itens pareçam secundários e um tanto autobiográficos, é essa leitura que permite entender os ajustes que precisamos fazer para lidar com o inesperado a fim de nos adaptarmos. Essa compreensão é importante porque dimensiona a carga emocional que todo o processo da migração carrega.

Contando com a sua compreensão, com a finalidade de preservar a privacidade da minha família e amigos, tomei a liberdade de alterar os nomes das pessoas aqui citadas. A parte informativa que antes pertencia aos e-mails foi transportada para o corpo de texto do livro, para atender a uma organização lógica. Ressalto que as informações fornecidas devem ser checadas, pois as relações diplomáticas entre os dois países e as leis internas podem ter sofrido alteração após a publicação deste livro.

É importante entender que não pretendo estabelecer uma comparação entre Brasil e Canadá, vista que são países diferentes em quase tudo, a começar por suas origens e formações, o que resultou em culturas bastante distintas, mas igualmente interessantes e ricas.

Neste livro, você poderá enxergar o Canadá e seu povo através dos meus olhos, lendo as impressões que tive e as situações que vivemos, e terá a oportunidade de acompanhar essa inesquecível experiência que, embora tenha sido única para nós, é comum a quase todo imigrante.

Espero que a leitura lhe seja útil e agradável e que você se divirta com as nossas experiências. Todos os vídeos e fotografias estão expostos na página do Facebook "Canada Let's Go". Visite e curta conosco essa grande aventura.

Let´s Go!

PARTE 1

ESCOLHENDO

GÊNESE

Era verão de 2010, no Rio de Janeiro. A noite estava fresca e a brisa entrava pela janela do quarto, enquanto eu observava Alan, meu marido, trocando de roupa após mais um dia de trabalho. Ele era gerente de uma companhia multinacional, e os dias não vinham sendo nada tranquilos dado ao momento econômico mundial.

Era estranho ver a sua têmpora grisalha enquanto o seu olhar ainda conservava o brilho de quando nos conhecemos. Eu me sentia sortuda por tê-lo ao meu lado. Estávamos juntos havia 22 anos, tínhamos três filhos e ele ainda era capaz de me olhar com aquele olhar doce.

Como fazíamos todas as noites após a sua chegada, enquanto ele trocava de roupa, nós conversávamos sobre o dia. Bem, conversávamos não. Eu falava, falava, falava e ele ouvia, ouvia, ouvia, como sempre, com um meio sorriso nos lábios.

Não me lembro bem sobre o que eu falava, mas me recordo claramente da maneira súbita com que ele interrompeu o meu monólogo para me perguntar: "O que você acha de viver no Canadá?". Ele havia sido sondado sobre a possibilidade de trabalhar em Toronto, na mesma empresa, e havia gostado da ideia.

A primeira coisa que veio à minha cabeça foi *neve*. Neve, frio... lembrei-me da minha adolescência, quando minha irmã e eu consideramos a hipótese de fazermos intercâmbio estudantil em Vancouver. Meu pai fez uma preleção sobre o fato de não podermos retornar ao nosso país por dois anos, e sobre o quanto eram frias as terras próximas ao Polo Norte. Eu *odiava* sentir frio... Desistimos do projeto antes mesmo de ele ter se iniciado.

A segunda coisa que passou pela minha cabeça foi a minha família. Eu sabia que esse cargo no Canadá seria um grande desafio para o Alan e que lhe proporcionaria enorme satisfação pessoal. Além disso, essa oportunidade daria longevidade à sua vida profissional, pois traria perspectivas de valorização da sua carreira.

Eu também pensava no quanto uma experiência internacional poderia agregar valor ao crescimento emocional e intelectual dos nossos filhos. Eles vivenciariam uma cultura diferente e, de quebra, voltariam ao Brasil falando inglês fluentemente. Não é algo que se pode descartar facilmente.

ESCUTA ESSA!
– O Canadá possui dois idiomas oficiais: o francês, na porção Leste, e o inglês, no restante do país. Ontário, província onde Toronto está localizada, adota a língua inglesa.

Quanto a mim? Pois bem... a oportunidade batia à minha porta novamente. Eu me lembrava de todos os planos que havia traçado 25 anos antes e havia deixado no passado sem realizar. Numa fração de segundo, pensei que teria de parar de trabalhar e de estudar por pelo menos dois anos, ficaria longe de quem eu amava e teria que aprender a cozinhar.

Meu espírito aventureiro falou alto. Mesmo que eu precisasse interromper tudo o que eu vinha lentamente construindo; ainda que, eventualmente, a mudança se mostrasse desvantajosa para mim, eu queria experimentar, desde que estivesse com a minha família.

Pensei nos amigos que deixaria no Rio de Janeiro, na falta que sentiria dos meus pais e irmãos, mas acreditava que essa poderia ser uma oportunidade única. Impulsivamente e sem ter certeza do que estava falando, eu disse "sim".

Após dois meses maturando a ideia de que gostaríamos de viver a experiência da expatriação, recebemos a proposta oficial. Havia chegado a hora de conversar com os nossos filhos sobre o assunto, pois Alice e Erik já contavam com 14 e 12 anos, respectivamente, e tinham idade suficiente para contribuírem para o sucesso ou para o fracasso da empreitada. Lucas, de 3 anos, não foi convocado para a conversa.

Nós já havíamos feito uma mudança interestadual para São Paulo, em virtude de uma oportunidade profissional para o meu marido, e vivemos lá durante dois anos. Fomos tão felizes em São Paulo, fizemos tantas amizades que, de repente, a ideia de nos mudarmos para longe, de novo, não foi tão amedrontadora. Só que haveria algumas grandes diferenças.

Quando morávamos em São Paulo, podíamos pegar o carro e estar no Rio de Janeiro em apenas seis horas. Nós víamos nossos amigos e nossa família uma vez por mês, falávamos fluentemente o idioma local e as diferenças culturais eram pequenas. A temperatura média no inverno era de 18ºC, sendo que a mínima raramente caía dos 10ºC.

O idioma oficial em Toronto é o inglês, língua que não dominávamos, embora tivéssemos boas noções; o Sul de Ontário costuma ter quatro meses de neve por ano, quando a temperatura média fica em torno dos -8ºC, mas frequentemente chega a -15ºC e algumas poucas vezes a -30ºC. A parte mais difícil seria a distância: 8.000 km, pelo menos 17 h de viagem e, no mínimo, 1.000 dólares em passagem aérea por pessoa, o que significaria apenas uma visita ao Brasil por ano.

 **ESCUTA ESSA!**
– Segundo a legislação brasileira, nos casos de expatriação, após dois anos de permanência no exterior é facultado o gozo de férias no Brasil, do trabalhador e seus dependentes, devidamente custeado pela empresa contratante.

Falamos sobre a distância dos amigos e da família, mostramos os prós e os contras da mudança e descobrimos que nossos filhos também são aventureiros. Com algum receio, mas também com a confiança de que sabíamos onde estávamos prestes a nos enfiar, eles "compraram" a ideia de ir morar no Canadá.

PARTE 2

ENTENDENDO

 *E-mail #1*

De: Lila Kuhlmann
Enviado: Sábado, 20 de agosto de 2011 13:42
Assunto: Notícias 1

Queridos amigos,

Um novo capítulo da nossa vida se inicia. Estamos no Canadá. O que parecia tão distante ainda está sendo digerido por nós. A excitação da novidade vem cedendo espaço à compreensão de que devemos nos adaptar a uma nova cultura, a um novo modo de agir e de pensar.

Como é muito fácil se adaptar ao que é bom, as dificuldades estão sendo mínimas. Os canadenses são extremamente educados, amáveis e preocupados com o próximo. A começar pelo pedestre, que invariavelmente tem a preferência de passagem. Posso citar inúmeros outros exemplos, mas o e-mail vai ficar muito grande.

Aterrissamos na quarta-feira de madrugada. Tomamos café da manhã e fomos direto ver casas para morar. Escolhemos uma e, no mesmo dia, fizemos a proposta. A casa que escolhemos é grande para podermos receber muitas visitas.

Ontem, sexta-feira, fomos tirar documentos, abrir conta em banco e, ao final do dia, descobrimos que não somos mais sem-teto. Viva! Já temos um endereço! Infelizmente, só iremos morar lá quando a mobília chegar, em outubro. Provisoriamente, ficaremos em um apartamento.

Hoje, fomos ver automóveis para comprar. Coisa do Alan, é claro, pois poderemos andar com o carro alugado durante um mês. Cada um mais fantástico do que o outro e com preços inacreditavelmente baixos em relação ao Brasil. Ele quer um carro bem grande pra poder passear com os amigos que nos visitarão. Eu já estou preocupada só de pensar em dirigir aquelas "jamantas" automáticas. As leis de trânsito são um pouquinho diferentes e dá medo de errar.

Os dias têm sido lindos, com temperaturas em torno de 29°C e pessoas amáveis ao nosso redor. As crianças estão se virando com o inglês como nunca imaginei e entendem muito do que é falado, impressionante. Até Lucas está se comunicando.

Bem, essas são as principais notícias. Na semana que vem terei mais tempo para responder aos e-mails que recebi desde o dia 9, início da nossa mudança. Ler cada mensagem, ainda que rapidamente, aqueceu o meu coração e me fez ter a certeza de que é maravilhoso ter amigos como vocês.

Logo que eu souber o nosso endereço completo, o enviarei para vocês.

Estamos no Skype!

Mil beijos já saudosos,

Lila

ATERRISSAGEM

Após dois voos e 17 horas viajando, chegamos ao Canadá. O cansaço da viagem e a expectativa do incerto não me permitiam sair do limbo em que eu tinha entrado um pouco antes de sair do Brasil, onde estavam todos os meus referenciais até aquele momento. Eu sabia que estávamos prestes a abrir novas janelas de conhecimento e experiências as quais nunca mais seriam fechadas, e esperava que isso viesse a ser algo prazeroso.

Entrar no Canadá foi tão simples quanto pegar uma ponte aérea Rio-São Paulo. O processo de imigração durou, no máximo, 20 minutos. Sem filas e com muita gentileza, antes das sete horas da manhã nós já tínhamos nossos *work permits* e *study permits* em mãos. Da imigração, fomos direto buscar as nossas bagagens e rumamos para o hotel onde ficaríamos, por quatro dias, em Toronto.

INGLÊS	PORTUGUÊS
Work permit e study permit	Documentos emitidos pelo governo canadense, que concedem permissão para estudar nas escolas públicas do país e para trabalhar. Esses documentos são recebidos no setor de imigração, no aeroporto, após o avião aterrissar.

Nós só tínhamos mais duas horas antes do nosso primeiro compromisso na cidade e confesso que me arrependi de não nos darmos mais tempo para descansar. É verdade que estávamos correndo contra o tempo, pois Alan começaria a trabalhar em cinco dias e havia muito o que fazer antes disso, mas deitar e dormir por algumas horas teria sido ótimo para todos nós.

Como "o que foi feito estava feito", após admirarmos o lindo hotel que havia sido reservado para nós, tomamos um rápido café da manhã e fomos buscar o carro que havíamos reservado pelo próximo mês. Era uma minivan automática muito parecida com a que nos trouxe do aeroporto, com assentos para sete passageiros e um porta-malas enorme. Eu nunca havia dirigido um carro tão grande, automático e nem fora do Brasil. Pensei que deveria deixar para me preocupar com isso quando fosse a hora certa.

Nós tínhamos diversas atividades agendadas para os próximos dias. Tudo havia sido minuciosamente planejado. Nosso primeiro compromisso era às 10 horas da manhã do dia em que aterrissamos em Toronto. Tony, corretor de imóveis que contratamos, nos mostraria as casas para alugar. Ter um endereço fixo era urgente para nós, pois, em Ontário, só poderíamos matricular as crianças em uma escola se tivéssemos prova de moradia.

ESCUTA ESSA!
– Um dos critérios mais importantes ao escolher um bairro onde morar é a reputação de suas instituições de ensino públicas. Isto porque a escolha da escola onde a criança será matriculada é atrelada à região onde ela vive. As próprias escolas fornecem estatísticas de alunos enviados para as melhores universidades canadenses.

Após cinco horas de visitação e muita negociação com as crianças, nós nos decidimos por uma casa na cidade de Oakville, que fica a 35 km de

Toronto, a capital da província, e é banhada pelo lago Ontário, na margem oposta aos EUA. A casa era excelente, pois ficava próxima à estação de trem para Toronto, era espaçosa e tinha um agradável *basement,* o porão, local onde fica a área de lazer da maioria das famílias.

Fizemos a proposta de aluguel na mesma tarde, por telefone. Os ajustes no contrato também foram discutidos por essa via e as assinaturas se deram por fax. Nada de documento original ou reconhecimento de firma em cartório. Estranhamos, mas também adoramos a "burocracia zero". Pronto! Já tínhamos um endereço. Infelizmente, a nossa mobília ainda estava a caminho, em um container, no meio do oceano, só chegaria dali a um mês e meio, e não poderíamos morar na nova casa tão cedo. Mas a sensação de não sermos mais sem-teto foi muito boa. Foi a nossa primeira conquista no Canadá.

Os dois dias seguintes foram destinados a abrir conta em banco, matricular as crianças no colégio, fazer cadastro no plano de saúde público e tirar o SIN, *Social Insurance Number.* Sem ele não se pode abrir conta em banco, ter seguro de saúde ou mesmo trabalhar no Canadá.

Tania, funcionária de uma empresa especializada na acomodação de famílias imigrantes, foi a nossa guia e nos ajudou de todas as maneiras possíveis. Gentil, atenciosa e leve, ela fez com que tudo parecesse muito fácil e simples. Na verdade, tudo *era* fácil e simples, bastava comparecer à Prefeitura de Toronto ou a um *Service Ontario.* Porém, a barreira do novo idioma e o desconhecimento do sistema faziam tudo parecer pior e mais difícil do que realmente era.

ESCUTA ESSA!

– O SIN é um número que, no Brasil, conjuga as funções do CPF e do INSS, e deve ser obtido na prefeitura da cidade. Há um capítulo destinado à saúde pública e como obter o OHIP, cartão que garante o acesso ao atendimento médico, ambulatorial e hospitalar.

*– O **Service Ontário** é uma espécie de agência no estilo Poupa Tempo, existente no Rio de Janeiro e em São Paulo, que emite e renova documentos e permissões. (Ver sites recomendados)*

Nossos primeiros dias no Canadá foram compostos de uma avalanche de coisas a serem feitas. Se tínhamos alguma esperança de fazer turismo, elas foram por água abaixo rapidamente.

 *E-mail #2*

De: Lila Kuhlmann
Enviado: Terça-feira, 23 de agosto de 2011 12:15
Assunto: Notícias 2

Oi, pessoal,

Hoje começou o primeiro dia da nossa futura rotina, ao menos pelos próximos 45 dias. Estamos morando em um apartamento de três quartos, muito agradável, em Burlington. Essa cidade fica ao lado de Oakville, local onde alugamos a casa em que moraremos quando a mobília chegar.

Tudo aqui é muito grande: os estacionamentos, as vagas, as lojas, as ruas... eu, que dizia que jamais moraria na Barra da Tijuca[1], porque precisaria de carro para tudo, estou tendo que engolir o que disse, pois as distâncias são monumentais.

Hoje, dirigi a "banheira" enorme que alugamos e levei o Alan até o trem, que saiu pontualmente

---

[1] Bairro da Zona Oeste do Rio de Janeiro.

às 7:01(!), conforme dizia o folheto. Ele pegou a composição expressa até Toronto e a viagem demorou 45 minutos. Quando nos mudarmos para Oakville, serão 10 minutos a menos de viagem.

Vocês se lembram do meu medo de dirigir um carro automático? Agora que conheci, acho que nunca mais vou querer dirigir um manual novamente. Não tem como fazer besteira! Quanto às leis de trânsito, são diferentes e me sinto um pouco insegura. As ruas que não pertencem às áreas puramente residenciais têm sempre seis pistas (três de ida e três de volta). Ninguém ultrapassa ninguém porque todo mundo anda no limite de velocidade da pista. Só as grandes estradas que levam a Toronto têm trânsito na hora do rush, mas é bem melhor do que andar na linha vermelha ou na marginal Tietê[2].

Depois de levar Alan à estação de trem, fui ao mercado. Eu poderia me dar ao luxo de ir a um diferente todos os dias, por, pelo menos, duas semanas, tal é a variedade. Após três horas tentando adivinhar para que servem aqueles milhares de produtos, tive a certeza de que a gente não vai sentir fome enquanto eu aprendo a cozinhar. Mesmo que eu erre a mão na comida, tem um monte de coisas prontas, para aquecer no micro-ondas, por um preço bem razoável.

Cada coisa que eu olhava, lembrava-me a minha mãe. Ela ficaria maravilhada com esse monte de coisas diferentes à disposição. Tudo para facilitar a

---

2   Vias respectivamente do Rio e de São Paulo, onde os congestionamentos de trânsito são frequentes.

nossa vida. Acho que vou gostar de limpar a casa, pelo menos por uma ou duas semanas, quando os brinquedinhos já não serão novidade.

    O mais legal é que fui a todos os lugares sem GPS, só com a indicação do Google Maps na memória. É muito fácil andar por aqui. Ainda bem! Mal posso esperar para me perder pela primeira vez e contar para vocês. Acho que está demorando. Em São Paulo, eu me perdi no primeiro dia!

    Já deu para ver o tipo de notícias que vocês terão daqui *pra* frente, né? Que nada! É que hoje foi o dia do mercado. Os próximos passos são escola e curso de inglês. Depois vejo o que vou fazer da minha vida: estudar, trabalhar... sei lá.

    Prometo responder aos e-mails amanhã e postar as fotos no Facebook.

    Beijos mil,

    Lila

VIDA PROVISÓRIA

Cinco dias após chegarmos em Toronto, nós nos mudamos para um apartamento, em Burlington. O imóvel era bastante confortável e espaçoso, com ar condicionado e aquecimento central. Nós gostamos do lugar logo de cara.

Estranhei as paredes serem tão finas e ocas, e confesso não terem me passado uma boa impressão. Todas as divisórias entre os cômodos e até mesmo as paredes das janelas eram feitas de um material que parecia poder desabar ao primeiro sopro de ventos mais fortes. Evitei pensar em furacões, pois nem considerei a hipótese de existirem naquela região antes de aceitar me mudar.

Eu havia me proposto não me preocupar muito com a arrumação e limpeza do lugar. Faria somente o indispensável ao asseio. Afinal, teríamos uma faxineira a cada 15 dias, parte do contrato de aluguel do apartamento. Decidi que me concentraria na cozinha e nas roupas para poder ter bastante tempo para cuidar dos meus filhos, dos compromissos e das obrigações que teríamos pelos próximos dias.

A temperatura externa era digna dos cariocas. Nós não sabíamos o quanto era importante aproveitarmos o pouco tempo de calor que nos restava, mas, ainda assim, o fizemos. Mantínhamos as janelas escancaradas, com vista para um belíssimo bosque com vegetação densa e logo descobrimos um lindo parque que ficava nos fundos do condomínio.

Nós nos maravilhávamos com os brinquedos, as flores, os esquilos e coelhos que cruzavam o nosso caminho. Tudo era grande e espaçoso, muito bonito e bem cuidado. No Rio, morávamos perto da praia, uma paisagem bem diferente da que víamos ali.

Procurávamos absorver e compartilhar o máximo de informações que recebíamos: cores, aromas, sotaques, sons, paisagens, tudo chamava a nossa atenção. Estávamos abertos a novas experiências e aquilo era como um banquete para os nossos sentidos!

Nós mergulhamos naquele mundo de novidades e evitamos olhar para trás. Fizemos um pacto de abraçarmos o que viesse pela frente, evitando comparações danosas. O passado deveria ficar no passado, pelo menos naquele momento de aprendizado.

ADAPTAÇÃO

Sempre me considerei uma pessoa polivalente: sou professora, esportista e tenho talento artístico e musical. Sou habilidosa com eletroeletrônicos, leio livros em tempo recorde, escrevo, sou estudiosa, faço imposto de renda, sou motorista, filha, mãe, esposa e administradora do lar.

Após uma semana tentando dar conta dos afazeres domésticos, percebi que as minhas habilidades prévias pouco me ajudariam na minha nova rotina, pois eu nunca havia sido dona de casa. Aquilo era completamente diferente para mim, que estava acostumada a trabalhar fora e estudar.

Eu me esforçava para executar as tarefas domésticas da melhor forma possível, mas o problema é que eu via naqueles afazeres a perda de um tempo precioso, pois eram repetitivos e chatos. Ao final da primeira semana como dona de casa, eu tinha as mãos cortadas e queimadas em diversos pontos, vivia suja de comida e já havia acionado o alarme de incêndio duas vezes, tudo porque eu me distraía pensando em assuntos mais estimulantes.

Por favor, não ache que quase coloquei fogo na casa, nada disso. Por terem o interior composto de material inflamável, as cozinhas das casas costumam ter detectores de fumaça, que acionam um alarme, com a finalidade de prevenir incêndios. Quando o alimento caía da panela no fogão, ficava rapidamente torrado, soltando uma fumaça escura que acionava o alarme. Eu precisava ficar abanando o aparelho preso ao teto para que a fumaça se dispersasse e o som agudo e insistente cessasse.

Para uma dona de casa, não é fácil recomeçar a vida em um local desconhecido e a coisa piora quando não se tem intimidade com o idioma. Quando você não consegue reconhecer os produtos e as marcas a que está habituada a comprar, um certo desconforto começa a tomar conta de seu ser, e é necessário vestir-se de um espírito desbravador para não deixar que essa sensação domine a sua mente, aumentando a proporção dos desafios à sua frente.

Da primeira vez em que fui ao mercado, demorei quatro horas e não enchi nem meio carrinho de compras. Fui vencida pela dor nos pés, pela preocupação com os meus filhos sozinhos em casa e pela frustração. Eu me perguntava como podia haver tantas marcas diferentes de sabão para lavar roupa. Uma senhora fez uma preleção sobre como comprar o sabão em pó. Segundo ela, "ler não basta. É preciso entender as mínimas diferenças que podem acabar com a sua roupa". Eu não entendi boa parte do que ela dizia, apenas o essencial. No final, perguntei qual ela levaria e foi o que escolhi. E a variedade de cereais? Para que tantas latas?

Ainda no mercado, procurei ansiosamente por algum café brasileiro, sem sucesso. O café que se bebe no Canadá parece chá, para meu desespero. Fiquei feliz por reconhecer os legumes, verduras e frutas e não precisar decifrar os seus rótulos e foi só o que comprei, além de sabão para lavar roupa.

Quando eu retornava ao apartamento provisório, chamava Alice e Erik para me ajudarem a carregar as compras para cima. Percorríamos aquele longo caminho cheio de escadas e portas pesadas, seguidos pelo Lucas, que fazia questão de "ajudar" também.

Na hora de guardar os produtos e de limpar as verduras, carnes e frutas, eu me controlava para afastar o pensamento de "por quanto tempo eu aguentaria aquilo?". Era sempre a mesma coisa, nada estimulante. Eu tentava adivinhar quando teríamos a tecnologia dos *Jetsons*[3], desenho animado futurista da minha infância, onde as pessoas apertavam um botão e a comida saía prontinha da máquina. Mas, então, eu me consolava pensando que eles não tinham uma refeição fresquinha como a que teríamos. Não pude evitar pensar na minha mãe e em como ela havia feito aquelas tarefas durante tantos anos e com tanto carinho e dedicação. Nesse período, passei a admirá-la ainda mais.

Limpar a casa também não vinha sendo uma tarefa das mais agradáveis, pois, assim como cozinhar, era repetitiva. Eu sabia que tinha direito a uma faxineira, quinzenalmente, mas como a poeira acumulava aos montes por causa da proximidade com a avenida principal e não tínhamos vocação para viver em um chiqueiro, eu acabei dedicando à tarefa mais tempo e energia do que havia programado.

E o dia tão esperado finalmente chegou! Uma senhora e uma jovem bateram à nossa porta trazendo aspirador de pó, panos, baldes e esfregões. Eu as cumprimentei e tirei as crianças de casa para dar-lhes espaço para trabalhar. Pouco tempo depois, começou a chover e voltamos correndo para o apartamento. Qual não foi a minha surpresa ao vê-las indo embora!? Haviam terminado de limpar um apartamento com cerca de 100 m^2 em pouco mais de uma hora!

Descobri que, se eu quisesse que os móveis fossem limpos em sua superfície, deveria tirar *tudo* de cima, sob o risco de serem contornados pelo pano de pó. Os sofás não foram arrastados e o chão sob as camas não havia sido varrido. Resignada, fiz a faxina eu mesma, com a ajuda das crianças.

Perdida em minha frustração, nem me dei conta do luxo que era ter uma faxineira na América do Norte e do quão privilegiada eu havia sido por ter podido pagar alguém que fizesse esse serviço para nós no Brasil.

---

[3]   Hanna Barbera, 1962.

Junto com a primeira quinzena no Canadá veio a minha primeira lição de vida: se eu não aprendesse a controlar os maus pensamentos, não conseguiria ser feliz ali. Como diz o ditado popular: "mente ociosa, oficina do diabo".

Duas semanas depois, quando o frio chegasse, eu entenderia para que serve o aquecedor central. Você pode dizer que a sua função é climatizar a casa. Mas há uma função secundária, e não menos importante: o aquecedor ligado mantém tudo limpinho, pois as janelas precisam ficar fechadas para represar o calor no ambiente. Quando percebi o benefício de não ter de limpar o apartamento tantas vezes por semana, instaurei a regra de tirarmos o sapato ao entrarmos em casa e passei a varrê-la apenas semanalmente. Oh! Senti-me bobamente feliz por diminuir o trabalho e nem liguei por ter de manter as janelas fechadas.

Conforme os dias passavam, eu fui me adaptando melhor à minha rotina. Parei de questionar as minhas habilidades e, também, a decisão que havíamos tomado há menos de oito meses.

 **E-mail #3**

De: Lila Kuhlmann
Enviado: Sábado, 30 de agosto de 2011 09:23
Assunto: Notícias 3

Oi, pessoal!

Tenho três novidades para contar:

A primeira é que vi um "quase tornado". Na quarta-feira passada bateu um vendaval acompanhado de uma chuva assustadora aqui em Burlington. Ligamos a TV e havia avisos para irmos para o *basement,* pois havia risco de tornado. Alan nem "deu bola" e se virou na cama para continuar dormindo. Eu entrei em pânico, pois não temos *basement* neste apartamento e eu não confiava nessas paredes "de papel". Fiquei de olho no canal do tempo como se aquilo fosse me salvar de algo que estivesse por vir. Mas nada aconteceu. No dia seguinte ficamos sabendo que sempre há risco de tornados por aqui, mas, aparentemente, eles param em Nova Iorque, pois ninguém nunca viu um. Ótimo! Estou mais aliviada!

A segunda novidade é que é possível guerrear com um frango. Vocês sabem que sou uma aventureira na cozinha. Nunca dei um passo sem perguntar o que fazer à minha mãe. Quarta-feira passada foi o meu primeiro dia fazendo a comida toda. Eu estava decidida a cozinhar algo saudável e saboroso.

Pela manhã, fui ao mercado comprar frango, dentre outras coisas. Procurei o costumeiro peito de frango sem osso e pele, mas o preço era de 27 dólares canadenses por quilograma. Que horror! Nunca imaginei que alguém pudesse pagar tanto por um pedaço de frango! Busquei por algo menos caro e achei umas lindas peças dispostas em uma bandeja de isopor, que julguei serem sobrecoxa, por apenas 7 dólares por quilograma. Que economia! Sou tão esperta!!!

Ao chegar *em* casa, abri o pacote e qual não foi a minha surpresa quando vi um monte de tripas esbranquiçadas por dentro do que era uma trouxinha linda?! Fiquei muito brava! Após mais de duas horas limpando "aquilo", os 2 kg que comprei ficaram reduzidos a 700g de frango, no máximo, e eu só conseguiria fazer estrogonofe com o que sobrou. Acreditem, eu só limpei aquilo tudo porque foi o meu primeiro dia de cozinheira de verdade.

Sorte das crianças que descobri um lugar mais barato para comprar frango; do contrário, só comeriam peixe, que não é o prato predileto delas! Como não encontrei creme de leite no mercado, tive que desistir do estrogonofe e inventei uma receita de picadinho, que acabou fazendo sucesso. Ainda bem que as duas horas valeram a pena!

A terceira novidade é que levei dois "buzinadões" seguidos ontem. Quem me conhece sabe que eu sou *a chata* dirigindo. Sou toda certinha, não ultrapasso a velocidade limite da pista, não ultrapasso sinal vermelho e respeito o pedestre, não importa onde eu esteja ou a minha pressa. Pois quase morri de susto, já que isso não costuma acontecer comigo.

Aqui, é permitido entrar à direita, mesmo quando o sinal de trânsito está vermelho, desde que não haja nenhum pedestre atravessando ou outro veículo trafegando nas proximidades. Ciente da minha inexperiência dirigindo carros grandes, eu saí com o devido cuidado da pista em que eu estava. O carro que vinha da esquerda, a uma distância bastante segura, precisou reduzir um pouco a velocidade. Mas pelo escândalo da buzina, pareceu que eu quase provoquei um acidente.

ERRAR É HUMANO

– O canadense jamais entra em uma pista sem checar duas vezes se há as condições legais para entrar na via. Nesse dia, para os padrões brasileiros, eu havia sido bastante conservadora, mas não para os rigorosos padrões canadenses. Seja dirigindo ou andando a pé, atravessar à frente das pessoas e fazê-las reduzirem a velocidade ou desviarem-se de seu caminho é muito mal visto.

Em seguida, precisei fazer a mesma manobra. O sinal estava fechado para mim, mas como nenhum carro vinha da esquerda, eu dobrei à direita cuidadosamente. Mas alguém vinha da pista da frente e dobrou na mesma direção que eu seguiria. Mesmo havendo três pistas para os dois automóveis, a pessoa buzinou forte. Eu também não sabia que deveria esperá-la passar para, só depois, dobrar à direita.

Descobri da pior forma que os canadenses têm a maior paciência para aguardar por bastante tempo que você faça o correto, mas não têm a menor tolerância quando você faz rapidinho o errado. Ok, entendi!

Não tenho tido tempo para escrever e-mails ou para estudar para a prova de direção (bem se vê) e preciso me organizar melhor. Essa vida de dona de casa não é nada fácil! Brincadeira... é que as crianças só voltarão a estudar no dia seis e tanto o Lucas quanto o Erik andam muito inquietos sem terem o que fazer. Tenho dedicado um bom tempo a eles, na pracinha. Daqui a pouco sairemos para jogar basquete. Deus me proteja. Sou péssima nisso!

Beijos enormes em todos,
Lila

CULTURALMENTE DIFERENTE

À primeira vista, tudo parecia simples. Nas lojas, éramos sempre muito bem atendidos. Os vendedores dispensavam um tempo enorme nos explicando as coisas e nós nos sentíamos importantes. Era muito bom ser consumidor na América do Norte.

Só que tudo era novo e diferente. Não nos demos conta, mas tínhamos de reaprender a fazer cada coisa, por mais boba que parecesse: preencher cheque, pagar contas pelo correio, calcular preços somando o imposto de 13%, calibrar pneu sem o relógio mostrador, usar o fogão elétrico e outros eletrodomésticos mais modernos e diferentes, ler informações em inglês, aprender a usar um novo sistema métrico onde se lê libras e onças em vez de quilogramas, pés e polegadas, em vez de centímetros, prestar atenção às novas e rígidas regras de trânsito... Enfim, eu poderia passar horas citando as diferenças.

ESCUTA ESSA!

– O valor do imposto HST, que é a combinação do imposto federal (GST) com o provincial (PST), em Ontário, é de 13% sobre o valor da mercadoria. Para saber quanto você vai desembolsar por uma compra, acrescente os 13% ao preço

nominal apresentado pela loja. Esses impostos variam de 5% a 15%, de acordo com a província.

Conforme o tempo passava, íamos tendo novas experiências e "aprendendo o Canadá". Hoje, quando penso nesses momentos únicos – porque a primeira vez é sempre única – acho-os muito divertidos, mas posso garantir que alguns foram bem embaraçosos.

INGLÊS	PORTUGUÊS
Pounds	Libras
Ounces (Oz)	Onças
Foot (sim, no singular mesmo!)	Pés
Inches	Polegadas

Lembro-me da primeira vez em que precisei usar o meu cartão de débito e fiquei completamente perdida. No Brasil, eu entregava o cartão para o atendente, que fazia tudo. Ali, não. Você tem que perceber quando é para passar o cartão na máquina (*swipe*), quando é para inseri-lo (*insert*), ou quando é para encostar o cartão no painel (*pay pall*). Depois disso, a máquina pede para você "escolher a conta". Como assim? Eu não fazia ideia de que o banco gerava automaticamente duas contas ligadas ao mesmo número: aquela em que você deposita o dinheiro (*chequing*) e a poupança (*savings*).

Enquanto tentava adivinhar o que fazer, eu me perguntava se teria que passar a vergonha de devolver tudo e ainda jogar as 4 horas de trabalho fora. Foi quando o homem que estava atrás de mim me ofereceu ajuda. Ao terminar de usar o meu cartão de débito pela primeira vez, senti um alívio enorme e uma gratidão gigantesca pelo meu "salvador".

Também foi uma aventura a primeira vez em que fiz compras na Canadian Tire, similar à Casa & Vídeo brasileira, uma loja de departamentos onde se pode encontrar de tudo, sendo a versão canadense muito maior e com bem mais itens. O lugar parecia uma "loja fantasma", tão vazia de pessoas. Eu caminhava por entre as gôndolas, escolhendo o que eu precisava – e o que não precisava também, meus passos ecoando pelo ambiente gigantesco.

Quando o carrinho estava cheio, dirigi-me aos caixas, mas nenhum estava aberto. Só havia os terminais de autoatendimento para pagar pelas compras, ao menos naquele momento. Eu não fazia a mínima ideia de como proceder. Não havia fila, ninguém na minha frente que eu pudesse observar. Também não vi nenhum funcionário à vista. Tomei coragem e imitei o que um atendente de caixa faria: procurei pelo código de barras de cada item e fui passando as mercadorias por uma superfície transparente. Ao final, passei o cartão de crédito e *voilà*. Coloquei as mercadorias nas sacolas retornáveis recém adquiridas e fui para o carro. Simples assim.

ESCUTA ESSA!
– Em Ontário, não há lei regulando o uso de sacolas de plástico, mas há a consciência de que quanto menos plástico for jogado no lixo, mais protegido estará o meio ambiente. Por esse motivo, muita gente adota espontaneamente o uso das sacolas retornáveis.

Outra experiência diferente foi comer na Costco, uma rede atacadista similar ao Sam's Club, de São Paulo e Rio. Observei o que as pessoas faziam e fiz o mesmo: servi-me de comida, fiz a refeição e depois fui ao caixa. Eu disse o que havia comido e paguei por isso. Nenhum papel, nenhuma ficha magnética, nada que permitisse uma verificação de que eu paguei por tudo o que consumi.

Abastecer o carro e calibrar os pneus foi, inicialmente, uma verdadeira aventura. No Brasil, eu não precisava sair do carro para colocar gasolina ou calibrar os pneus, estava acostumada a ter frentistas para me servirem. Na

América do Norte, não há funcionários na área externa, é o cliente quem faz tudo. Como eu não sabia como proceder para abastecer o carro e pagar, fui à loja de conveniência para me informar.

Infelizmente, para mim e meu inglês, o atendente também era imigrante. Por mais boa vontade que eu tivesse, não conseguia entendê-lo devido ao sotaque acentuado dele. Desisti e retornei à bomba de gasolina. Após algumas tentativas e erros, consegui encher o tanque do carro, mas demorei cerca de um mês para acertar de primeira, pois eu tentava de tantas formas diferentes, que nunca me lembrava qual tinha dado certo da vez anterior.

Mas depois que aprendi, perguntei-me como eu tinha paciência de esperar os frentistas, quando ainda morava no Brasil. É bem mais rápido utilizar o *self service* e pagar na bomba de gasolina. Bem... exceto quando está nevando. Então, o tempo em que ficamos expostos ao frio parece uma eternidade.

Fiquei bastante envergonhada na primeira vez que tentei comprar um *donut* na maior rede de *donuts* do Canadá, Tim Hortons. Eu estava com o Lucas em um shopping center, quando vi aquela vitrine cheia de *donuts* que diziam "coma-me". Fui direto ao caixa e fiz o pedido. De forma educada, a atendente me mostrou a fila composta de umas dez pessoas, começando a cerca de três metros do caixa. Sentindo-me envergonhada, pedi desculpas e fui embora "arrastando" um decepcionado Lucas pelo braço, ouvindo-o pedir pelo *donut* dele.

ERRAR É HUMANO
– Nesse dia, eu aprendi que as filas começam, no mínimo, a dois metros do caixa, de modo a deixar um espaço razoável para quem passa pelo corredor. E ninguém – ninguém – fura fila.

Apenas para constar, a rede Tim Hortons é responsável por 80% do café vendido no país e tem preços bastante convidativos. Há um Tim Hortons "em cada esquina" e, a qualquer hora do dia ou da noite, há uma pequena fila. Imagino o que as pessoas pensaram de mim naquela ocasião...

ERRAR É HUMANO
– Para quem vem visitar o país, a distância média entre as pessoas ao longo da fila não é tão importante, mas para quem vive no Canadá, é crucial. Esse espaço é de cerca de um braço.

Aproximar-se mais do que 90 cm da pessoa a sua frente não é educado, não só por razões culturais, mas também por uma questão de saúde. Como os ambientes são todos fechados, a proximidade física potencializa as chances de propagação de doenças transmissíveis pelo ar. Eu cresci no Rio de Janeiro, onde as pessoas estão habituadas a aglomerações e se acotovelam por nada. Prestar atenção a esse pequeno detalhe não é fácil quando é necessário vigiar uma criança de 4 anos e se tem 39 anos de hábitos, digamos, mais calorosos...

ERRAR É HUMANO
– Espirrar ou tossir é quase tabu. Quando o fizer, erga o braço de forma a cobrir a boca com a parte interna do cotovelo ou use um lenço.

Tossir ou espirrar nas mãos é de péssimo tom, e até faz sentido, afinal, depois de jogar seus perdigotos nas próprias mãos, em algum momento você vai pegar em um corrimão, apertar o botão do elevador, tocar em uma maçaneta ou mesmo apertar a mão de alguém. Há quem diga que não está doente, mas nunca se sabe como está a imunidade das pessoas que terão

51

contato com seus germes ou com os germes com os quais você teve contato. Portanto, utilizar o álcool gel disponível ao público nas entradas das lojas é questão de higiene.

ERRAR É HUMANO
– Nas lojas, se quiser uma informação, evite pedi-la aos clientes. Procure um atendente. A maioria das pessoas se sente incomodada ao ser abordada sem estar prevenida.

Lembro-me da primeira vez em que precisei de uma informação. Havia uma moça de costas para mim e chamei-a. Como ela não percebeu que eu falava com ela, toquei-lhe levemente o ombro. O sobressalto dela foi quase um pulo, tal o susto que levou. Eu, muito sem graça, me desculpei e pedi a informação. Ela me respondeu, mas, visivelmente, não entendia o motivo de eu ter questionado *a ela* e não a um atendente.

É claro que, em último caso, na falta de atendentes, já pedi informação a outros clientes, mas procurava por alguém que não parecesse ter pressa e criava uma oportunidade de contato entre os nossos olhares antes de fazer a abordagem. O segredo é não pegar ninguém de surpresa.

ERRAR É HUMANO
– Ao entrar em uma casa canadense, tire os sapatos e deixe-os no tapete da entrada.

Como pouquíssimas pessoas têm empregada doméstica ou diarista e as casas são vedadas, é muito importante não trazer a sujeira da rua para o ambiente interno. É impressionante como isso faz diferença no asseio local. Não se esqueça de tirar os sapatos antes de adentrar a casa de alguém no Canadá.

Os canadenses fazem tudo com calma e bem feito. Isso porque são bons planejadores. Os eventos nas escolas são planejados com meses de antecedência e com eficientes reuniões das comissões de festas.

ERRAR É HUMANO

– Os convites para festas são enviados com um mês de antecedência, mas o aviso para reservar o dia pode chegar duas semanas antes do convite oficial.

Certa vez, eu estava no jardim conversando com a minha vizinha e, de repente, a chamei para tomar café com bolo. Eu faria o bolo "rapidinho". Ela recusou, disse que seria muito trabalho e insistiu para que agendássemos para a semana seguinte, de forma que eu pudesse me planejar. Eu não tinha bem certeza de que teria a mesma vontade de comer café com bolo na semana seguinte, mas ela insistiu no agendamento. A partir desse dia, comecei a observar o quanto o improviso os faz se sentirem desconfortáveis. Sem planejamento, não!

ERRAR É HUMANO

– Se você for convidado para uma festa na residência de alguém, ao confirmar a sua presença, não esqueça de questionar o que pode levar a título de colaboração.

Leve para as festas um petisco ou uma sobremesa que possam ser comidos sem talheres. Quando chegar ao local, verifique se há sapatos na entrada. Na dúvida, pergunte onde deve guardar os seus. Alguém irá te informar se você deve mantê-los nos pés ou não. Lembre-se de levar uma garrafa de vinho, caixa de bombons ou flores, o que for mais adequado à ocasião, para presentear os donos da casa.

Se o motivo da festa for a comemoração de algum aniversário, aprenda com a minha experiência: Lembro-me do primeiro aniversário a que compareci. Começamos a cantar *"Happy birthday to you"* baixinho e eu bati palma. Só uma, porque mais ninguém o fez. Eu parei, sem entender o que estava acontecendo. Depois, pensei que o tom de voz e a ausência de palmas fossem porque um bebê dormia na sala ao lado. Torci para que ninguém tivesse percebido quem atrapalhou a harmonia do momento e continuei a cantar. Quando contei para o Alan, descobri que ele passou pela mesma situação no trabalho. Desde então aprendemos que...

ERRAR É HUMANO
– *"Happy birthday to you"* é cantado de forma afinada e não tem palmas.

Outra coisa bem diferente é o hábito que as pessoas têm de se desculpar ainda que não estejam erradas. Um bom exemplo é quando se vai às compras e há alguém parado exatamente onde você quer pegar algum produto. Assim que a pessoa percebe, para o que está fazendo, pede desculpas e se afasta. Passei a tomar o cuidado de pegar o produto de meu interesse apenas quando ninguém estivesse fazendo o mesmo.

Também foi um importante aprendizado cultural perceber que, quando eu interrompia a trajetória de alguém, mesmo que brevemente, não estava agindo de maneira educada. Mas ainda que fosse eu a pessoa errada, ouvia de volta *"I'm sorry"*.

Há uma comédia chamada *Canadian Bacon*[4], em que policiais americanos estão perseguindo um bandido perto da CN Tower. Conforme eles passavam esbarrando nos canadenses, esses caíam gritando *"I'm soooorrryyyyyy...!"*. Trata-se de uma característica canadense marcante.

---
4   Comédia escrita e dirigida por Michael Moore, 1995.

E já que falamos nesses dois povos...

ESCUTA ESSA!
– Nunca compare os canadenses aos americanos. Eles não gostam. Após conhecer os dois países, percebemos que, embora as estruturas físicas e as leis tenham muitas semelhanças, culturalmente eles são muito diferentes.

Um aspecto cultural interessante que observamos no povo canadense e agregados é a dificuldade em dizer "não". Eles não são diretos quando negam algo. Se dizem que entenderam, não significa que concordaram. Também não emitem opinião se não forem consultados e, quando o são, escolhem bem as palavras de modo a evitar ferir sentimentos.

ESCUTA ESSA!
– "Eh!" É uma espécie de gíria que termina frases. Por exemplo: "Que lindo dia, eh!". Nas celebrações, costumam-se dizer "Canada, eh!", Pronuncia-se "ei".

À primeira vista, a maior parte das coisas é parecida com o Brasil. O turista que passa uma ou duas semanas ali, muitas vezes nem percebe essas diferenças. Eu confesso que não as percebi, por ocasião da minha visita de reconhecimento do terreno, antes de aceitar a expatriação.

Lembro-me de quando fui a Paris e passei por algumas situações em que não entendi a reação das pessoas à minha aproximação. Agora fico pensando se não as ofendi ou choquei com algum comportamento cultural diferente do delas. Quando somos turistas, não fazemos a menor ideia do quanto estamos alterando o equilíbrio local.

BEM MAIS JOVEM DO QUE IMAGINAMOS

Tão interessante quanto a cultura canadense é a história desse gigantesco país. Para nossa surpresa, ela é bastante recente e isso a faz um pouco mais interessante de se aprender. Não vou me ater a nomes e datas, porque acho isso um tanto chato, mas contarei o que acredito ser importante para que você entenda porque os canadenses são como são.

Ao contrário do que a maioria das pessoas pensa, a América do Norte não foi toda colonizada pelos ingleses. É verdade que o primeiro europeu a desembarcar em terras hoje canadenses foi um inglês, ainda no final do século XV, mas não houve colonização, pois ele foi embora para outra missão na China. Os franceses vieram no século XVI e ficaram por ali até o século XVIII, quando os ingleses os atacaram e tomaram a parte das terras habitadas pelos franceses na América do Norte.

Ingleses e franceses passaram, então, a conviver de forma não muito pacífica no mesmo território, pois, além da diferença de idiomas e de religiões, protestante e católica, havia o ranço que Napoleão Bonaparte vinha deixando devido às batalhas travadas na Europa e no Oceano Atlântico.

Ao longo de todo esse tempo, "províncias" foram sendo criadas ao longo da metade superior da América do Norte. Quebec era a que falava francês e Ontário a que falava inglês. No século XIX, tentando se aproveitar das desavenças nas terras vizinhas, os EUA tentaram invadir a colônia britânica, sem sucesso.

O governo inglês, preocupado com essas "tentativas" e experiente com a independência dos EUA, apoiou a união daquelas províncias, sob sua tutela, no sentido de formarem uma só nação. Desta maneira, a Grã-Bretanha teria a simpatia dos habitantes de sua colônia, que defenderiam as próprias terras, e a Coroa Britânica não perderia completamente o domínio sobre o que era seu.

A adesão das províncias ao que hoje é o Estado Canadense foi facultativa e esse processo durou até o ano de 1999, quando Nunavut decidiu se unir ao Canadá. O Hino Nacional do Canadá se chama *Oh! Canada* e foi adotado, oficialmente, em 1980. A Constituição do Canadá, enquanto país livre, data de 1982 e se chama *Canada Act*.

A fim de fomentar a paz na população, ficou decidido que haveria dois idiomas oficiais no país: o francês, falado no leste do país, e o inglês, falado no restante do Canadá, exceto nas terras em que vivem os primeiros habitantes, onde a língua nativa é fortemente incentivada a ser falada.

Diferentemente da maioria dos países, onde houve uma política de assimilação e as outras culturas foram totalmente destruídas e substituídas pela do país colonizador, no Canadá impera a aceitação da diversidade. Segundo pesquisa feita pela Folha de São Paulo, vivem ali, "além dos cidadãos de origem francesa e britânica, pelo menos 60 minorias importantes tendo a sua identidade cultural preservada"[5].

É possível encontrar bairros inteiros com moradores de uma mesma nacionalidade. Isso não significa que pessoas de outras nacionalidades não sejam bem-vindas ou que não exista miscigenação. Significa apenas que há uma preservação cultural importante que mantém a identidade de um povo, ainda que fora de sua terra natal.

---

5   Guia Visual Folha de São Paulo, 2008, 5ª edição. P 26

O mais interessante é que, apesar de haver essa colcha de retalhos multicultural, não se percebe qualquer preconceito, seja de raça, cor, religião, sexo etc. Aliás, piadinhas sobre esses temas são muito mal vistas por ali.

Toronto é considerada a capital cultural do país, e cerca de 50% da sua população é composta por imigrantes de primeira geração. Isso significa que se você for a um mercado por ali, tem 50% de chances de ouvir um idioma diferente do Inglês, língua oficial de Ontário. Mesmo com toda essa diversidade cultural, as pessoas se respeitam. Todos adotam publicamente os mesmos hábitos e seguem as mesmas regras sociais. Às vezes tenho a sensação de que ninguém se sente excluído. A inclusão parece, de fato, chegar a todas as pessoas.

De alguns anos para cá, tem se ouvido vozes separatistas na província de Quebec, em uma tentativa de criar uma nação francesa, mas exceto por isso, não se percebem maiores insatisfações.

O Canadá é um país democrático, cujo sistema de governo é o parlamentarista e a sua forma é a federativa. Diferente do sistema presidencialista, onde o Chefe de Governo e o de Estado se confundem na figura do Presidente, no sistema parlamentarista, o chefe de Governo, aquele que governa o país, é uma pessoa diferente do Chefe de Estado, aquele que representa o país frente às outras nações.

No Canadá, o Chefe de Governo é o Primeiro Ministro e o Chefe de Estado é o monarca Britânico, a rainha Elizabeth II, no momento em que esse livro está sendo escrito. Embora ela seja a Chefe de Estado, quem representa os deveres reais é o Governador Geral, escolhido pelo governo britânico.

Politicamente, o Canadá é composto de dez províncias e três territórios. As províncias e territórios possuem câmaras legislativas próprias, eleitas pelo povo e dirigidas por um Primeiro-Ministro Provincial.

Cada província e território tem representantes eleitos pelo povo na capital do país, Ottawa, os quais formam a Câmara dos Comuns[6]. É essa câmara que elege o Primeiro-Ministro. Este escolhe os membros da Câmara Superior[7], porém, há uma forte pressão da população para que eles também sejam escolhidos pelo voto popular. A Câmara Superior existe para ratificar as leis aprovadas pela Câmara dos Comuns.

A moeda desse país é o dólar canadense, o qual, neste livro, tratarei por dólar para facilitar a leitura. Seu valor tem sido, nos últimos anos, próximo ao do dólar americano. Até o ano de 2014 era bastante comum ver nas lojas de Toronto produtos com preço fixado nas duas moedas, sendo aceitas ambas as espécies.

Após descobrir que o Chefe de Estado canadense é a Rainha da Inglaterra, ficou mais fácil entender por que o povo dali tem adoração pela Família Real. São revistas e mais revistas abarrotadas de notícias sobre Sua Alteza, Seus filhos, netos e agregados. Eles realmente os amam!

Espero que essa aulinha de história tenha sido mais interessante do que você esperava, pois eu adorei conhecê-la.

 ESCUTA ESSA!

OS FERIADOS CANADENSES	
14 de fevereiro	Valantine's Day, ou Dia dos Namorados
3ª segunda-feira de fevereiro	Family Day, ou o Dia da Família
17 de março	St Patrick's Day (Feriado irlandês)
Mesma data em que é celebrada no Brasil	Sexta-feira Santa, ou Good Friday
Segunda-feira seguinte à Sexta-Feira Santa	Páscoa, ou Easter Monday
2º domingo de maio	Dia das Mães

---

6   Equivalente à Câmara dos Deputados, no Brasil.
7   Equivalente ao Senado, no Brasil.

Segunda-feira anterior ao dia 25 de maio	Victoria Day (Data em que é comum ver a população reunida nas praças dos bairros para soltar fogos de artifício em homenagem ao aniversário da rainha Victória (1837 – 1901), da Inglaterra.)
3º domingo de junho	Dia dos Pais
1º de julho	Canada Day (Comemoração da promulgação da *British North America Act*, ou Lei Constitucional de 1867, que unificou as colônias britânicas que quisessem aderir à formação do Canadá enquanto país, porém ainda submetido ao Império Britânico. O feriado foi rebatizado em 1982, ano em que foi promulgada a primeira constituição do Canadá como país totalmente livre).
1ª segunda-feira de setembro	Labour Day, ou dia do trabalho
2ª segunda-feira de outubro	Dia de ação de graças
31 de outubro, mas o dia é útil	Halloween, ou Dia das Bruxas (é o dia mais querido da população).
11 de novembro	Rememberance Day (Dia em que é feita uma homenagem aos membros das Forças Armadas canadenses. Também chamado de Dia do Armistício, que marca a data e a hora em que o exército parou de lutar na Primeira Guerra Mundial, em 11 de novembro de 1918, às 11h. É uma data muito respeitada e as homenagens não são apenas simbólicas).
25 de dezembro	Christmas Day, ou Natal.
26 de dezembro	Boxing Day, é uma feriado regional (ofertas no comércio local).

PARTE 3

APRENDENDO

 *E-mail #4*

De: Lila Kuhlmann
Enviado: Quinta-feira, 08 de setembro de 2011 11:00
Assunto: Notícias 4

Queridos,

Como vão todos? Nós estamos bem e, de modo geral, nos encantamos com cada coisa a que somos apresentados. Entretanto, conseguimos achar quatro "defeitos" por aqui: o café é muito fraco (parece chá), o suco de laranja é amargo, o Burger King daí é melhor do que o daqui e, pasmem, ainda não sei como retornar com o carro quando passo do local onde deveria entrar.

Na maior parte dos lugares em que a gente tenta retornar fazendo a volta em uma rua secundária, acaba se complicando dentro de pequenos labirintos. Três semanas dirigindo aqui e ainda preciso embicar na garagem alheia para fazer o retorno. Que desagradável! Mas agora não vai ter jeito, vou descobrir como fazer o retorno porque terei tempo para estudar as leis de trânsito.

As aulas do Lucas começarão no dia 13 e a minha prova escrita deve ser no dia 19, e poderei estudar durante as manhãs. A maioria das pessoas passa na prova escrita, mas dizem que a prova prática reprova quase 100% dos imigrantes que a fazem pela primeira vez, devido aos hábitos antigos. Confesso estar com medo de ser reprovada.

Terça-feira passada foi o primeiro dia de aula da Alice e do Erik. O dia amanheceu nublado, com 11°C de temperatura. Que frio!!

Vestimos todos os agasalhos disponíveis na casa e saímos. Como são 13km de distância, decidi pegar a *highway*, que estava bastante "engarrafada" para os padrões canadenses. Os carros andavam em velocidades que variavam entre 60 e 80 km/h, às vezes paravam um pouquinho, mas logo voltavam a essas "terríveis" velocidades do *rush* canadense.

Eu olhei para a pista da extrema esquerda, vi os carros andando a 100 km/h e li uma placa informativa: "pista para carros com duas ou mais pessoas". Não me fiz de rogada, entrei nessa pista e pisei fundo. Que alegria, passei todo mundo! O Lucas, que é muito competitivo, estava feliz da vida. Nem conseguia contar quantos carros a mãe "lerda" dele estava ultrapassando de uma vez. Cheguei na escola rapidinho. Não é fantástico como esse povo respeita a faixa seletiva?

Eu estava quase chorando de emoção e ansiedade quando deixei cada filho em seu colégio (falo sério). Depois fui para o parquinho do colégio do meu caçula para aguardar o horário agendado com a professora dele: 10h30. Ainda eram 8h da manhã, a temperatura estava realmente baixa e o vento só piorava a sensação térmica. Um Lucas gelado estava adorando brincar com as outras crianças – sim, havia outras mães que levaram seus filhos para brincarem no parquinho ao ar livre. E elas nem precisavam esperar por algum horário, como eu! Foi escolha mesmo!

Na hora exata fomos nos encontrar com a futura professora do Lucas. A sala em que ele estudará é sensacional! Equipada com tudo o que é brinquedo pedagógico, espaçosa, iluminada, com mesinhas enormes para trabalhos em grupo, tatame... um sonho! Ela foi conversando e indicando o que desejaria dele e ele foi correspondendo. Sensacional! Fiquei muito tranquila e tenho certeza de que meu filho vai se adaptar rapidamente ao ambiente escolar.

Hora de buscar os mais velhos. Como terá sido? Assim que entraram no carro, comecei com as perguntas, como quem não quer nada: "E então, entenderam alguma coisa? Como são os professores? Precisam de alguma ajuda? Posso fazer algo por vocês?". E a reposta não poderia ter sido melhor: "Mãe, relaxa, entendi praticamente tudo. O pouco que não entendi, perguntei. Os professores são ótimos, têm controle sobre a classe, os colegas são agradáveis e mais barulhentos do que imaginei, os hábitos são diferentes, mas todo mundo me ajudou. As salas são lindas e têm *smart board*, a escola é muito bem equipada e me senti bem-vindo". Ufa!!! Que alívio! Quase chorei... (também é sério).

A única coisa que tem sido difícil de contornar é a tristeza e agressividade do Lucas. Inicialmente, ele estava animado, guardava tudo o que achava ou que ganhava para dar para a prima, que ficou no Rio. Quando ele entendeu que não a verá tão cedo e que não tem amigos aqui, ficou muito difícil de se lidar. Ele tem sido agressivo comigo e, ao mesmo tempo, cobra a minha atenção todo o tempo, não quer comer direito e diz que não gosta de nada. Parei de me preocupar com a limpeza da casa para dar mais atenção ao meu pequeno, mas está difícil para nós dois. Espero que ele se sinta melhor quando as aulas começarem.

Alan tem sido um parceirão. Apesar de trabalhar muito, faz tudo o que pode para me ajudar. Por enquanto, ele está "aprendendo" a empresa, sua cultura e traçando um plano de ação para o futuro. Ainda assim, ele está menos estressado aqui do que no Brasil. A expectativa é que comece a sair do trabalho às 17h em mais ou menos um mês ou dois. Hábito canadense, é claro! Espero que essa previsão se concretize, pois será maravilhoso ver meu marido chegar em casa antes das 20h30, um horário otimista em relação à quando vivíamos no Rio.

Ok, se vocês leram tudo até aqui, passaram no seu exame de paciência e sua visão deve estar ótima. Tenho me sentido bastante sozinha e escrever me faz estar mais próxima de vocês. Sinto falta da atividade mental que eu tinha quando trabalhava e estudava. Quando eu me mudar para a outra casa, começarei a frequentar o centro comunitário, me voluntariarei para trabalhar em uma das escolas das crianças e farei amizades por lá, espero. Também sei que tudo parecerá melhor quando o Lucas estiver feliz.

    Um beijo enorme cheio de saudade,
    Lila

MUDANÇAS RADICAIS CAUSAM *STRESS*

Nós apreciávamos aprender coisas novas, até mesmo, ansiávamos por elas, mas não havíamos reparado na quantidade de coisas que se acumulavam em nossas mentes.

Todos os dias aprendíamos algo novo: novo vocabulário, novos comportamentos culturais, leis locais, novas formas de pagar pelas compras, nova maneira de se locomover por entre as pessoas, nova forma de se postar nas filas, de tossir e espirrar. Nós nos esforçávamos para nos enquadrar no comportamento da população, procurávamos atender à silenciosa exigência social que sabíamos existir, pois percebíamos os olhares que as pessoas lançavam quando alguém agia de maneira considerada não educada e não queríamos recebê-los também.

Apesar de toda a ansiedade que sentíamos, nós conseguíamos nos divertir com os nossos enganos e com as novidades. Sabíamos ser importante superar os nossos medos para mantermos o equilíbrio familiar, mas isso demandava um esforço bastante grande de cada um de nós. Estávamos todos sob efeito da euforia da mudança e não nos dávamos conta do *stress* que esse bombardeio de informações gerava em cada um.

Eu, em particular, sentia-me como se fosse a responsável para que as coisas funcionassem para a minha família. Tal esforço me tirava o equilíbrio emocional. É muito difícil manter-se centrado quando se está longe de todas as suas referências e se tem de reaprender e alterar radicalmente a rotina a que se está acostumado.

Mas parecia que as coisas ficariam um pouco mais fáceis para o meu lado. Conforme as crianças começaram a estudar, passei a ter mais tempo para fazer o que era importante. Eu estava ciente de que quase todas as pendências que eu tinha há vinte dias continuavam ali.

Tem gente que consegue relaxar sabendo que tem um monte de coisas pendentes. Eu não consigo. É como ter um calo no pé. Você convive com "aquela coisa", mas aquilo te incomoda diariamente, sempre que você coloca o sapato. Eu penso nas coisas que preciso fazer o tempo todo, com medo de esquecê-las e isso me consome. Agora, haveria mais tempo para tentar acabar com os meus calos, pelo menos até que outros aparecessem.

Eu tinha que terminar de preencher os documentos para o governo brasileiro; contratar TV a cabo, internet, telefone e cadastrar contas em nosso nome, pois a casa já estava à nossa disposição; cadastrar as contas das concessionárias em débito automático e descobrir como pagar as demais contas da casa nova; contratar seguro para a casa e, o principal, passar na prova prática de direção, que era o que mais me preocupava. Eu só poderia usar a carteira de motorista brasileira pelo período de dois meses e esse tempo já estava se esgotando.

ESCUTA ESSA!
– Pela lei de Ontário, o imigrante que comprovou, via documentação juramentada, o tempo de experiência dirigindo em seu país, tem direito a fazer uma única prova e obter a carteira G, conferida aos motoristas considerados experientes.

69

Caso eu falhasse na minha única tentativa de passar no exame prático de direção, teria de seguir o procedimento dos iniciantes, que tem duração mínima de três meses. Além disso, teria que arranjar um modo de enviar as crianças para o colégio. Os ônibus escolares não eram uma opção, já que não atendiam às cidades diferentes das escolas com que tinham contrato. Para aumentar a minha ansiedade, eu havia descoberto que algumas pessoas demoraram três anos para passar no teste.

Uma outra coisa ainda me incomodava: resolver problemas e contratar serviços pelo telefone. Eu não entendia como conseguia conversar com as pessoas tão direitinho quando podia vê-las, mas não as compreendia ao telefone. Para me ajudar, Alan assumiu a parte da tarefa com as concessionárias, que deveriam ser realizadas por telefone. Quanto às demais, acabei indo tratá-las pessoalmente.

Ainda havia o fato de eu não estar adaptada a ser dona de casa. Não era como andar de bicicleta, que uma vez tendo aprendido, não é necessário se concentrar, é só pedalar e guiar. Para mim, cuidar da casa continuava sendo uma tarefa que exigia concentração e eu ainda cultivava alguns cortes e queimaduras. Pelo menos o alarme de incêndio ficou quieto.

Mas, apesar de todo o meu mau jeito na cozinha, eu estava me saindo bem. Minha família me via como uma "mãe–dona-de-casa" bem-sucedida. Eu tentava fazer o meu melhor, eles se mostravam gratos, e isso fazia com que todo o meu esforço valesse a pena.

MORADIAS NO SUL DO CANADÁ

Se, por um lado, aprender a viver em um lugar novo causa algum *stress*, por outro lado, o aprendizado é constante e absorvido sem qualquer esforço. Muitas vezes, você só se dá conta desse aprendizado inconsciente quando precisa racionalizar alguma informação. Então, percebe o quanto aprendeu.

À medida em que nós frequentávamos as lojas e o centro comunitário, a escola e o trabalho, e conforme nos aproximávamos do inverno, começamos a entender a lógica das construções, e uma série de perguntas que nos fazíamos foram sendo respondidas.

Apenas casais sem filhos e pessoas solteiras vivem em apartamentos em Toronto. Com suas paredes finas, eles são caixas de eco confinadoras, inapropriadas para se criar crianças. Famílias costumam procurar casas nas cidades vizinhas, mais aprazíveis à vida familiar e comunitária.

As moradias canadenses são bem diferentes das dos brasileiros, em diversos aspectos, e percebemos isso ainda quando Tony, nosso corretor de imóveis, nos guiava pelas ruas.

Nos bairros mais modernos, elas eram todas de tijolo aparente, com dois andares, em formato de caixa com telhado em cima. O que dava graça à construção eram os jardins sem muros, os telhados inclinados, e as amplas janelas e portas com formatos variados. Era tudo tão parecido que, em diversas ocasiões, julguei estarmos passando pelo mesmo lugar.

Os bairros mais antigos ocupam uma área pequena e possuem casas com formatos bem diferentes, algumas lembram bastante as casas brasileiras.

Percebemos que havia casas destacadas umas das outras e casas geminadas, chamadas *townhouses*. Tony nos disse que as casas destacadas possuem maior número de quartos e cômodos mais espaçosos. As geminadas, por terem pelo menos uma parede compartilhada com outra casa, são mais baratas e têm cômodos menores.

Quando Tony abriu a porta da primeira casa, assustei-me com o tamanho do *hall* e com a escada no estilo daquela em que a Scarlett O'Hara caiu, no filme "E o Vento Levou"[8]. Ok, não vou exagerar, não era tão larga e nem tão alta, mas era bastante imponente. A maioria das casas com menos de vinte anos segue esse modelo.[9]

Outra coisa que me chamou a atenção foi o fato de haver três salas: a de jantar, a de estar e a da família. Esta última era conjugada com a copa e a cozinha. Tony explicou: "a cozinha é ligada à sala da família com o objetivo de aumentar o contato entre pais e filhos durante os trabalhos domésticos". Adorei, pois um dos motivos pelo qual eu nunca gostei de cozinhar era o fato de ficar isolada. Ele também disse que a sala de estar é feita para receber visitas mais "importantes" e os amigos seguem direto para a sala da família. Imediatamente gostei da associação feita entre amigos e intimidade. Eu ansiava por ambos.

O *basement* de uma casa é um cômodo imprescindível e tem a mesma área da casa: no inverno, a construção se contrai com o frio e, sem essa estrutura por baixo, ela poderia ficar fragilizada. Além disso, o porão ajuda

---

8   *"Gone with the wind"* é o nome em inglês do filme dirigido por Victor Fleming e George Cukor, de 1939.
9   Você pode checar o que digo vendo as fotos no álbum da Fan Page "Canada Let's Go", no Facebook.

no isolamento térmico. Mesmo com o aquecimento acionado, ali é mais frio do que o restante da casa devido ao contato com o solo.

A casa que escolhemos para morar tinha o *basement* com o devido acabamento, chamado *finished basement*. Algumas casas, por questões de ordem financeira, tinham em seu porão apenas uma grande estrutura de madeira, com chão de cimento e paredes que ainda não haviam sido revestidas e, portanto, precisariam de obra para se tornar um espaço útil. Convenhamos, ter uma boa área de lazer dentro de casa durante o inverno é muito conveniente.

Enquanto, no Brasil, as estruturas são de concreto armado, paredes de tijolos e bem ventiladas, no Canadá, as casas são feitas de madeira, vigas, papelão e fibra de vidro, cobertas por gesso, revestidas com tijolo aparente e bem vedadas. Elas passam o dia inteiro fechadas, no inverno ou no verão. Boa parte dessas casas é pré-fabricada e, por esse motivo, são muito parecidas, tanto por dentro, quanto por fora. Por isso, nos confundíamos ao passar pelas ruas.

O material das casas tem o propósito de ser isolante térmico, mantendo a temperatura interna estável, seja no inverno ou no verão. Por isso, é tão importante a vedação e também a necessidade de haver tantas portas pesadas nos corredores dos prédios e das lojas. Tente imaginar o que é o abrir e fechar de portas frequente em um dia com temperaturas negativas. Sem tantas barreiras para represar o calor, o ar quente escapa e o custo do aquecimento aumenta drasticamente.

Se a construção de madeira traz a vantagem do isolamento térmico, por outro lado, traz a desvantagem da falta de privacidade. Digo apenas uma coisa: as paredes têm ouvidos!

O financiamento para a compra de imóveis tem juros baixos. Porém, só vale a pena comprar um imóvel quando já se sabe de antemão que há a intenção de permanecer com ele por mais de cinco anos; do contrário, o imposto pago no momento da venda torna o negócio deficitário.

Toda compra e venda de imóveis deve ser feita através dos corretores de imóveis, chamados *realtors*.

DICAS DA

Imóveis: *Digitando no Google a expressão "canada + house rental", é possível encontrar diversos websites que ofertam imóveis de todos os tipos e tamanhos para compra e aluguel. O que mais gostei foi o www.realtor.ca. Através dele, é possível escolher os imóveis clicando em um mapa.*

Na Grande Toronto, o aquecimento a gás é provido pela Union Gas e tem cobrança mensal. Já a companhia responsável pelo abastecimento de água e luz é a Hydro, sendo que a conta é única e bimestral. A maioria das casas da região é aquecida pela Reliance, que fornece o equipamento e faz a manutenção do sistema, sendo que a conta chega trimestralmente. Essas três despesas custam cerca de 350 dólares por mês para uma casa com quatro quartos, três salas e um escritório.

Há diversas empresas que prestam serviço de telefonia. Dentre as populares estão a Bell, a Rogers, a Cogeco e a Telus. Quase todas também fornecem TV a cabo, internet e telefone celular. Os preços e a qualidade do serviço e da imagem são bem variados, dependendo do local, e há que se pesquisar.

E-mail #5

De: Lila Kuhlmann
Enviado: Quinta-feira, 29 de setembro de 2011 13:15
Assunto: Notícias 5

Queridos,

Dia 17 de setembro fez um mês que estamos no Canadá. Foi inevitável pensar que, quando estávamos em São Paulo, voltávamos pelo menos uma vez por mês ao Rio e que já estaria na hora de partirmos. Também foi duro parabenizar a minha mãe pelo Skype, sem dar ao menos um abraço apertado de feliz aniversário.

Não poder voltar "para casa" ao meu bel prazer mexeu com a minha cabeça e passei duas semanas bastante triste. Agora, estou melhor. Dizem que nenhum idioma encerra tanto significado em uma só palavra quanto a nossa "saudade". Deve ser verdade.

Ainda estamos vivendo no apartamento provisório. Os dias têm estado bastante frios para os cariocas.

A temperatura tem variado entre 14°C e 22°C, e o frio daqui é bem mais suportável do que o daí, pois o clima é mais seco. 13°C parecem 18°C no Rio de Janeiro, quando não há vento. Não posso reclamar. Os dias, em sua maioria, têm estado lindos. O outono chegou e as folhas das árvores estão adquirindo um *dégradé* que vai do marrom ao amarelo, um espetáculo que a natureza nos proporciona diariamente.

Vamos ao social: No dia 18 fomos ao nosso primeiro jogo de baseball. O time da cidade, Blue Jays, jogou contra os Yankees, que disseram ser o melhor time da liga norte-americana. Pois os azarões Blue Jays venceram por 3 x 0 em uma emocionante partida, com direito a três *home runs*, os quais eu não vi porque foram rápidos demais. Eu ouvia as pessoas gritando e não conseguia ver a bola. Mas mesmo assim, gostei. Finalmente entendi as regras do *baseball* e posso dizer que é um jogo divertido e social, pois podemos falar sobre o jogo, ao longo dele, sem perder muita coisa (talvez três *home runs*). Recomendo!!! Próximas paradas: *football* e *hockey*.

Também fomos a uma recepção preparada por uma colega de trabalho do Alan. Foi uma tarde deliciosa, cheia de coisas gostosas e pessoas agradáveis. Fiquei imensamente grata pela delicadeza do convite e adorei cada segundo com eles, mesmo sem entender boa parte da conversa.

Levei o nosso famoso brigadeiro e foi um sucesso. Quatro latas foram destruídas por 15 pessoas naquela tarde agradabilíssima. Show! Pena que tenha durado tão pouco.

Boas notícias: passei na prova escrita de direção. A prática será na segunda-feira que vem. Estou tomando aulas para tentar garantir passar, pois o aluguel do carro está muito pesado e só poderemos comprar carro com carteira de motorista. Aqui tem muita coisa diferente e confesso estar bastante estressada com a expectativa de passar... ou não. Ontem, fiz um "simulado" e fui reprovada. Dobrei à direita com o sinal fechado, o que seria permitido se não houvesse uma placa dizendo que essa manobra não era permitida *ali*. Erro de principiante, vergonha!

O meu instrutor é estrangeiro, como eu. Nossa comunicação não é fácil, pois ainda não entendo inglês com sotaque e o dele é bastante forte. Ele fala lentamente, mas, para mim, parece outro idioma. Ele tem que repetir duas vezes cada instrução e eu ainda confirmo para ter certeza se entendi. Ele deve achar que eu sou burra...

Mas meu maior receio são os ônibus escolares. Eles têm umas luzes ao redor, como se fossem discos voadores. Se um deles parar e as luzes começarem a piscar, você *deve* parar pelo menos vinte metros atrás e, para quem vem na direção contrária, vinte metros à frente. Assim, as crianças podem atravessar em segurança.

As consequências da não observação dessas regras podem ser gravíssimas e por isso dei aos ônibus escolares o apelido "monstro amarelo" desde que fui alertada para os cuidados a serem tomados ao avistá-los. Se eu ultrapassar um desses enquanto as luzes estiverem piscando, a multa pode variar entre 400 e 2.000 dólares e ainda são cabíveis seis meses de detenção. Pior ainda é a possibilidade de atropelar as crianças. Elas atravessam sem olhar, na certeza de que os motoristas estão atentos.

Pedi à Alice e ao Erik que me ajudassem a prestar atenção nos "monstros amarelos" sempre que estivéssemos no carro, mas não pensei que Lucas pudesse não entender o que estava acontecendo.

Pois, ontem, ele me pediu para olhar dentro de um dos ônibus escolares, que estava estacionado na porta da escola. Após *escanear* tudo, ainda no meu colo, ele olhou dentro dos meus olhos, segurou meu rosto entre as mãos e me disse com a cara mais séria do mundo: "Mamãe, não precisa ter medo não, isso não é um mostro. Monstros ficam de pé, têm garras e dentes grandes. Isso é um ônibus! Ele tem cadeira dentro para as pessoas sentarem, anda deitado e tem quatro rodas!". Fiquei comovida com tanto cuidado.

Alice tem conversado com duas garotas na escola e sempre elogia a educação das pessoas. Mas, quando chega à noite, corre para o Skype para falar com as amigas do Brasil. Às vezes, até ficamos com pena de chamá-la para jantar ou de pedir ajuda. Mas ela nunca reclama por ajudar. É impressionante a maturidade com que a minha filha enfrentou a saída do Brasil, deixando tantas "coisas" importantes para trás. Parece que nada a abala. Eu gostaria de ter essa força. Acho admirável.

Erik está ótimo. Continua prestativo, leve e gentil como era no Brasil e nem parece aquele garoto tímido. Desabrochou! Ele também está feliz porque os colegas de classe jogam futebol no recreio. Bem, não é exatamente por *isso* que ele está feliz. É que esse esporte não é o forte das pessoas daqui e ele não se sente mal jogando junto, pois pensa que não joga bem. Erik está curtindo fazer esportes, está mais sociável e fico contente por isso.

Meu filho diz que os colegas dele são muito bacanas. Entre os adolescentes, todos falam ao mesmo tempo e, nessas horas, ele tem dificuldade de se comunicar. Mas ontem ele contou que diversas pessoas puxaram papo e foi muito "legal". Bom sinal. Ele está bem.

Uma coisa que vem me preocupando é a facilidade com que Alice e Erik estão acompanhando as aulas. Talvez seja bom para a adaptação à língua, mas não tenho certeza disso a longo prazo. O ensino parece ser diferente e me preocupa o alinhamento com o do Brasil. Temo que venham a ter dificuldade quando retornarem. Deixarei para resolver isso quando a vida estiver caminhando na rotina, após a mudança.

Mesmo sem falar inglês direito, Lucas fez amizade com alguns colegas na escola que também estão aprendendo a língua. Após três semanas de aula, o vocabulário dele aumentou bastante, mas ainda não compreende o que a professora fala e se incomoda com isso, o que é natural. Acho-o muito corajoso por se levantar da cama todos os dias, sem reclamar, e ir para a escola, mesmo com tais dificuldades.

Alan está bem. Já acabou com a maior parte das obrigações particulares perante o governo canadense e à casa em que vamos morar. Isso o estava estressando demais e consumia um tempo precioso do dia dele. Eu tento ajudá-lo, mas há coisas que ele precisa fazer pessoalmente. Em casa, ele tem me ajudado em tudo o que pode, é um amor!

Se há algo que me frustra é o fato de eu não conseguir praticar o meu inglês. Quase não tenho contato com as pessoas daqui e, quando isso acontece, é por pouco tempo, durante uma compra ou pedindo orientação. Pelo menos as pessoas são muito simpáticas e algumas até puxam papo. Pena que dura pouco.

Eu ainda não estou 100% emocionalmente e algumas vezes me sinto frágil. Sinto muita falta do contato humano. Acho que o fato de eu estar exclusivamente em casa, só resolvendo as questões práticas e sem uma atividade intelectual não ajuda. Sei que preciso arranjar algo para fazer fora de casa, mas tenho que esperar a mudança para me comprometer com algo. Eu o farei assim que organizar a nova casa.

A parte doméstica, que era o meu pavor, não tem me incomodado tanto e me toma pouquíssimo tempo desde que lacramos as janelas. Tenho até me divertido cozinhando novidades. As crianças estão gostando da minha comida e fazem elogios. Isso me faz bastante feliz.

Espero que vocês encarem esses relatórios imensos e esporádicos como um carinho pessoal, pois realmente o são. Adoro ler as notícias de vocês.

Um beijo enorme e cheio de saudade,

Lila

ARRIMO

Eu *precisava* me socializar de alguma forma, nem que fosse através dos e-mails enormes e divertidos que eu escrevia. Era um modo de manter as pessoas perto de mim. Eu partilhava as coisas boas e divertidas que via, e tentava contar os momentos de frustração de uma forma engraçada, para que não parecessem reclamação. Eu queria parecer mais forte e corajosa do que me sentia, pois temia afastar as pessoas com as minhas lamúrias.

Também tinha ciência de estar mais irritadiça e que isso provinha do meu afastamento social, da inatividade mental e da minha dificuldade em controlar as situações. Meus filhos estavam muito agitados, Lucas continuava com humor instável e eu não conseguia ajudá-lo. Além disso, não ter ideia de quando nos mudaríamos era outro fator que gerava ansiedade em mim. A expectativa era de um mês e meio e nós já estávamos chegando lá, sem qualquer notícia.

Eu sabia que o afastamento dos amigos e dos brinquedos não estava sendo fácil para as crianças. Para completar, seu inglês ainda não era bom o suficiente para entender os programas de TV locais. Conforme a temperatura externa foi caindo, elas passaram a ficar mais tempo dentro do apartamento. Havia pouco com o que se distrair e a agitação e irritabilidade devido ao confinamento foi inevitável. Às vezes, eu era mais dura do que o necessário com eles, dizendo que parassem de correr no apartamento e que falassem baixo para não incomodar os vizinhos. Eu me sentia uma mãe chata, mas não conseguia evitar. Não... não estava sendo fácil para nenhum de nós.

Apesar disso, a minha família era o meu principal ponto de apoio, a única coisa que não havia mudado em minha vida. Eu ansiava pela hora do jantar, quando partilhávamos as experiências do dia. Nessas horas, tudo parecia mais simples, tudo parecia mais fácil e perfeito como sempre fora. Nós nos apoiávamos mutuamente. Aquilo me completava, me lembrava de que, não importava onde estivéssemos, ainda éramos a mesma família. A essência não havia mudado.

E-mail #6

De: Lila Kuhlmann
Enviado: Terça-feira, 11 de outubro de 2011 14:23
Assunto: Notícias 6

Olá, queridos!

Ainda me sinto uma "sem teto", embora tenha um teto. Continuamos neste agradável apartamento de três quartos com cozinha americana, todo jeitoso, mas com paredes finas que me lembram papelão. Meus filhos já estão tendo pesadelos comigo fazendo "shhhhhhhh" o tempo todo. Correr, então, nem pensar!

E por que nós ainda estamos aqui? Não sei, ninguém sabe, ninguém viu. O navio já chegou em Toronto, mas as nossas coisas ainda não foram liberadas porque está faltando um telex do Brasil. *Telex? Que telex?!?!* Eu nem sabia que isso ainda existia!!!! Alan está muito bravo!

Bem, ficar aqui não seria um problemão, se não estivéssemos pagando o aluguel da outra casa, que está vazia, e se o aluguel do apartamento provisório não estivesse terminando em mais quatro dias. Vocês podem dizer que não seremos "sem teto", pois temos a outra casa, ainda que sem camas, móveis, pratos etc. Não... prefiro ficar onde estou até a nossa mobília chegar.

Mas há boas notícias: aquela minha insegurança foi embora. Sim, acabou porque eu passei no teste de direção de primeira. Sou uma *G driver*! E sim, o teste é mesmo um bicho papão, durou meia hora inteirinha! Eles anotam tudo, todos os detalhes. Recebi um caloroso cumprimento com elogios ao terminar o teste, o que me deu muito orgulho. Eu queria gritar, e quando a examinadora saiu do carro, eu gritei, porque aquele dia começou bem esquisito.

Acordei tensa, mas me sentindo preparada para o teste, afinal, eu havia feito seis aulas de direção e vinha dirigindo sempre seguindo todas as regrinhas diferentes.

Acordei as crianças, tomamos café, levei o Alan para a estação, voltei para levar as crianças para a escola, peguei a mochila do Lucas, casacos, chaves, entreguei o lixo reciclável para o Erik, abrimos a porta e ... *cadê a chave do carro?* Eu tinha *certeza* de que a havia colocado no aparador, junto à porta, como sempre faço.

Alice voltou para o carro, procurou pelo caminho, procuramos pela casa inteira, nada. Desci, procurei ao redor do carro, pelo caminho, olhei sobre a caixa de correio, nada! Comecei a me desesperar, pois eu tinha que levar as crianças 13 km adiante e, depois, voltar 19 km para o teste de direção. Bem, "as crianças poderiam não ir ao colégio e eu pegaria um taxi por 6 km. *Se acalma, Lila, se acalma*!!! Você tem teste hoje! Controle-se!", eu gritava comigo mesma em pensamento.

Voltei para o apartamento e pedi, pedi fervorosamente... para São Longuinho. Que me perdoem os religiosos, não sei se São Longuinho é santo inventado ou se é do Cristianismo, não sigo uma religião específica, apenas acredito em algo maior e tenho fé. Mas no São Longuinho, eu acredito! Sob os olhares incrédulos dos meus três filhos, pedi em voz alta para ele me ajudar a achar a chave do carro e prometi dar os três pulinhos.

Em menos de dois minutos me veio uma luz: abri o lixo reciclável e tirei tudo de lá. As crianças acharam a cena ridícula, mas lá estava a chave do carro! Ai, que alegria! Se eu não tivesse três testemunhas, ninguém acreditaria na minha história!

Cheguei ao local da prova com alguma antecedência e fui tomar um expresso para me acalmar(!?). Liguei para o Alan, conversamos por cerca de 10 minutos e fui relaxando. No final, deu tudo certo, passei com louvor e estou muito orgulhosa de mim mesma!

Nunca pensei que essa prova tivesse um peso tão grande sobre mim. O medo estava me imobilizando e isso vinha sendo péssimo! Fico imaginando o peso que o Alan sente para fazer tudo dar certo, de se sair bem no trabalho, de coordenar a *big picture*, de se manter sereno quando eu queria entrar em prantos. Tenho muita sorte em tê-lo!

Enquanto eu esperava a minha carteira G, Alice enviou um SMS me lembrando de dar os três pulinhos de agradecimento ao São Longuinho. Assim o fiz, no meio do departamento de trânsito: "Obrigada, São Longuinho!".

Ontem foi o dia de Ação de Graças. No Canadá, esse dia é celebrado em outubro e, nos EUA, em novembro. Passamos o feriado às voltas com instalação de internet, tv e telefone na casa nova. Enquanto aguardávamos pelo serviço, conhecemos alguns vizinhos, que nos pareceram bastante simpáticos. Com alegria, constatamos que há muitas crianças vivendo ao redor.

De modo geral, as pessoas daqui nos receberam muito bem, mas precisamos ler nas entrelinhas, na expressão corporal e facial, se somos realmente bem-vindos ou se é apenas cortesia, como é hábito local. Alan e eu tentamos ser discretos e esperar que a pessoa estenda o papo, assim, temos certeza de que estamos agradando. Acho que estamos indo muito bem.

Esse é um mundo completamente diferente do meu caloroso e imperfeito Brasil. Quase tudo é visto por nós como um presente. Pouquíssimas coisas nos desagradam, e me sinto até mal por reparar nelas, pois são insignificantes. Volto a ter a certeza de que é um presente poder estar aqui e conhecer esse novo e acolhedor país e seu povo multicultural.

É muito bom encerrar essa mensagem dizendo que, apesar da distância do Brasil, da saudade que sinto da minha família e dos meus amigos, apesar de, após dois meses, ainda não estarmos na nossa casa, com as nossas coisas, eu estou bem e meus filhos e meu marido também estão bem, que continuamos construindo bons relacionamentos e boas lembranças.

Agradeço de coração a força que vocês me deram, porque eu reconheço que quase "pipoquei". Cheguei a duvidar de que estava fazendo a coisa certa, mas vocês me mantiveram na linha com seus telefonemas e e-mails e eu já reconheço o meu caminho novamente. Obrigada mesmo, família e amigos!

Beijos felizes,

Lila

DIRIGINDO EM ONTÁRIO

Em Ontário há três graduações de habilitação. Ao realizar a prova teórica, o motorista recebe a carteira G1, que o habilita a dirigir com o instrutor. Ao passar na prova prática, o motorista recebe a carteira G2, que o habilita a dirigir em condições com fatores limitadores, como horários e locais específicos. Após dois meses com a carteira G2, o motorista pode fazer a prova prática para receber a carteira G, que o habilita a dirigir dentro dos limites do código de trânsito local, e o caracteriza como motorista experiente.

Eu havia pulado as duas primeiras etapas e me sentia poderosa no melhor sentido da palavra. Era como se eu tivesse acabado de conquistar o Everest. Lembre-se: quase nenhum imigrante de quem ouvi falar passou no teste de primeira! Acho que isso me credencia a dar diversos conselhos para você que pretende dirigir na América do Norte. E ainda que não pretenda dirigir por ali, ao ler o que segue você se solidarizará comigo, tenho certeza, pois ser motorista durante 20 anos em um lugar como o Rio de Janeiro, que tem por primazia o direito de passagem do veículo sobre o pedestre, e depois ter que dirigir em um local em que o inverso acontece, não é nada fácil e pode te deixar muito tenso.

ESCUTA ESSA!

– Se você tem uma carteira de motorista de outra província ou país com relações diplomáticas com o Canadá, poderá usá-la por até 60 dias depois da chegada a Ontário. Passado esse prazo, você deverá obter uma carteira de motorista da província. (Ver sites recomendados)

A primeira grande diferença para o Brasil é que quem tem um seguro não é o carro, mas o motorista. Ninguém pode dirigir sem ter um seguro pessoal que cubra danos materiais e a terceiros. Também não é possível comprar carro no Canadá sem uma carteira de motorista canadense.

Vencidas essas etapas, é necessário estar atento a outras diferenças: O pedestre sempre, *sempre*, SEMPRE(!) tem prioridade, mesmo quando está errado. Sendo que, em um estacionamento, o pedestre nunca estará errado. Os carros que se cuidem. O motorista de um automóvel tradicional deve guiar o carro com toda a atenção possível, procurando por tudo o que não está sobre quatro rodas e não tem um motor, pois deve sempre ceder o direito de passagem. Parece simples, mas os estacionamentos dali são gigantescos e há gente passando o tempo todo! E as pessoas, simplesmente, não olham na hora de atravessar. Elas atravessam *sabendo* que os carros respeitarão o seu direito de passagem.

Nas ruas, mesmo quando o sinal de trânsito está aberto e você quer entrar à direita, cuidado, pode haver uma pessoa atravessando a faixa de pedestre e você terá de esperar que ela complete a travessia antes de dobrar à direita. É claro que as pessoas costumam aguardar que o sinal de pedestre esteja aberto para, só então, começarem a atravessar a via, mas o motorista não pode apenas confiar no sinal de pedestre. Pode acontecer de haver um ciclista apressado, ou alguém fazendo *jogging*, ou ainda uma mãe atrasada, cheia de crianças e, como eu disse, o que não está sobre quatro rodas tem prioridade.

Os cruzamentos que têm sinal de trânsito são enormes e possuem sinal de quatro tempos. Quando o sinal estiver aberto para a sua pista, e você pretender dobrar à esquerda, deve ultrapassar a faixa de pedestre, parar no *meio* do cruzamento mantendo os pneus do carro alinhados com a carroceria e esperar por uma brecha *segura* para dobrar à esquerda. Enquanto espera, você fica bem no meio das seis faixas de rolagem com carros indo e voltando e até parece que alguém vai bater no seu carro. Mas tudo é tão espaçoso e todos andam tão dentro da lei, que nada de ruim acontece.

Já nos cruzamentos onde não há sinal de trânsito e nem prioridade na pista, tem direito de passagem o pedestre, o qual nunca olha antes de atravessar. Se não houver pedestre, o direito de passagem é de quem chegou primeiro ao cruzamento. Como resultado, você tem de vigiar quem chegou antes de você e acelerar quando for a sua vez. No início, eu sempre me distraía e os outros carros ficavam me esperando cruzar a pista quando chegava a minha vez, mas ninguém buzinava. Os canadenses são muito educados. Eu adoro isso.

Fazer o retorno pode ser uma provação em vias muito movimentadas – sim, eu aprendi: Só é permitido fazer retorno em U se a pista oposta estiver vazia e se não houver carro imediatamente atrás de você.

Há, ainda, o terror dos ônibus escolares que aparecem em profusão nos horários de entrada e saída das escolas e, como eu já enfatizei o suficiente, apenas farei um último alerta: cuidado! Eles param subitamente, acendem aquelas luzes e, ainda que você esteja vindo em uma pista contrária, pare! PARE! Ou as consequências serão catastróficas!

DICAS DA

Registro e Emplacamento de Veículos: O comprador de um automóvel possui o prazo de 30 dias para registrar o seu veículo, obter placas de matrícula e a autorização do veículo. O proprietário deve colar na placa traseira do

carro um adesivo colorido, fornecido pelo Service Ontario, com a indicação do mês da renovação da licença. Essa renovação é feita anualmente e pode ser paga via internet. Após o pagamento, um novo adesivo, de outra cor, chegará pelo correio e deverá ser fixado na placa, informando que o proprietário do carro está em dia com a licença. Esse procedimento também pode ser realizado pessoalmente nos postos de atendimento. A placa do carro é pessoal e não pertence ao carro. Ao vender o veículo, deve-se retirar a placa.

O *stress* que passei para tirar a licença para dirigir não se limitava à necessidade de levar e buscar filhos na escola. Em Ontário, só é permitido comprar carro sendo portador de carteira de motorista local. Nós estávamos alugando o carro e nos sentíamos jogando dinheiro no lixo.

Apenas alguns meses após eu ter obtido a carteira G, nós conseguimos comprar uma minivan. Nunca vi um carro tão espaçoso! Oito assentos confortáveis o suficiente para acomodar pessoas do tamanho do Alan.

A melhor parte dessa compra é que, após quase dois anos com o carro, nós só gastaríamos 120 dólares com manutenção. Os pneus nunca precisavam de calibragem, pois as pistas eram um tapete e o calibrador, de nitrogênio. Toda vez que eu tentava calibrar os pneus, percebia que a pressão estava boa. Alinhamento e balanceamento, só Deus sabe. Dois anos após a compra do carro, fiz a revisão de 24 mil quilômetros e foram desnecessários. Impressionante o que boas vias fazem pelo seu carro!

E por falar em vias, você ficaria impressionado com a quantidade de obras que se faz na GTA, *a Greater Toronto Area*, ou Área da Grande Toronto, que engloba Toronto e as cidades vizinhas, inclusive Oakville. Eles só param no inverno, quando há neve!

Certo dia, tiraram todo o asfalto da rua principal próxima à nossa casa. Não entendi por que, pois, para os padrões cariocas, ele estava excelente! Os canadenses costumam dizer que no Canadá há duas estações: o inverno e a das obras. Eu posso confirmar.

Outra coisa a se destacar é a malha viária da região. Embora o centro de Toronto tenha certo trânsito na hora do rush, nada se compara ao que vemos no Rio, em São Paulo ou Nova Iorque. Aliás, por ali o trânsito é ocasional e passa relativamente rápido para os habitantes das três metrópoles que citei.

A Grande Toronto é atravessada por *highways* e é possível ir de Oakville até Whitby, que fica depois de Toronto e a 90 km da nossa casa, em cerca de 1 hora, só passando por quatro sinais de trânsito. É assim para todo canto que se vai. A parte ruim é que, para aumentar essa fabulosa malha viária, eles fazem obras o tempo todo, o que significa engarrafamentos mais densos na periferia. Isso não é comum na minha região, porém, mais ao Norte, direção para onde as cidades crescem, é uma constante nos horários de pico.

O BRASIL NO CANADÁ

Eram essas vias fantasticamente rápidas que nos aproximariam das pessoas que viríamos a conhecer através da Joy e do Sergio. Não, você não está enganado. Eu ainda não os apresentei.

Joy e Sergio são engenheiros. Ela é filipina e ele é brasileiro. Eles se conheceram no Brasil há mais de 25 anos e se apaixonaram. Quando a família da Joy decidiu se mudar para o Canadá, Sergio a seguiu. Eles fixaram residência em Mississauga e moram ali há mais de 20 anos com seus três filhos.

Meses atrás, poucas horas antes de embarcarmos definitivamente para Toronto, ainda no Rio de Janeiro, eu levei a minha filha para se despedir da Lígia, sua melhor amiga. Por coincidência, os tios dela, Joy e Sergio, estavam ali visitando a família. Nos surpreendemos ao descobrir que eles moravam em Mississauga, cidade vizinha a Toronto. Nós viveríamos bastante próximos uns dos outros. Muito gentis e amistosos, eles nos deram seus números de telefone para que entrássemos em contato quando quiséssemos companhia ou se precisássemos de ajuda.

No Dia de Ação de Graças, meu telefone tocou e foi uma surpresa agradável receber um convite para visitá-los. Mas Lucas estava tão cansado de brincar com os vizinhos na nova casa, que dormiu e não pudemos ir. Eu me senti um tanto frustrada, pois a ideia de conhecer pessoas novas era animadora. Temi não receber um segundo convite devido à recusa, mas não foi o que aconteceu.

Eles nos convidaram para visitá-los em outra ocasião e nos sentimos "em casa" na casa deles. Reconhecemos de cara o grande presente que nos estava sendo oferecido. Joy, Sergio e seus amigos foram tão calorosos e gentis que, naquela noite, pela primeira vez após pisarmos em solo canadense, acreditamos que estávamos onde tínhamos de estar.

Eles são uma família maravilhosa, com bons sentimentos e o coração puro, que abriu a sua casa e as suas vidas para nos receber. Depois de conhecê-los, o Canadá ficou muito mais atraente e caloroso. Nossos novos amigos passaram a ser uma extensão amorosa da nossa família.

Através deles, começamos a nos relacionar com um grupo de brasileiros muito bacana. Vivíamos todos em cidades da Grande Toronto, em um raio de 50 km. Nós passaríamos a conviver como uma grande família brasileira, dali em diante. Todos eles, alguns já com filhos, imigraram "na cara e na coragem" e são alvo de nossa profunda admiração.

Assim como o nosso grupo, é possível encontrar centenas de outros grupos de brasileiros na região. Antes de imigrarmos, busquei na internet por conterrâneos que morassem em Toronto e fui ajudada por inúmeras pessoas. Elas abriram informações sobre custo de vida, escolas, impostos, bairros, estilo de vida, temas que me deram um norte para pesar os prós e contras de viver no Canadá.

Quando você passa pela experiência da imigração e compreende as dificuldades desse movimento e da adaptação, torna-se mais solidário e se dispõe a ajudar aqueles que te procuram. Parece ser assim com todos os que conheci ou a quem procurei. Ajuda incondicional!

O Facebook tem inúmeros grupos de brasileiros que vivem no Canadá, se apoiam mutuamente dando informações, vendendo artigos usados, doando coisas, ou apenas "dando uma força". Às vezes penso que somos melhores brasileiros fora do nosso país.

PARTE 4

COMEÇANDO

E-mail #7

De: Lila Kuhlmann
Enviado: Sexta-feira, 11 de novembro de 2011 12:38
Assunto: Notícias 7

Queridos, há quanto tempo!

Sim, estamos na nossa casa desde o dia 22 de outubro. Foram dois meses e cinco dias de transição.

Como é bom poder ser brasileiro dentro da própria casa! Não sei se as famílias daqui se chamam aos berros ou se correm pelos cômodos, mas nós sempre fizemos isso e é muito bom poder voltar a fazer!

Exceto pelos quartinhos do *basement* e pela garagem, que precisam ser organizados, a casa está praticamente pronta e já pode receber visitas. O que vocês estão esperando?

As crianças estão muito bem, assim como Alan e eu. Terminei a minha parte das nossas últimas obrigações com o governo canadense nesta semana e estou aliviada. Agora tenho um monte de documentos para organizar, mas não há pressa. Nada tem pressa.

De agora em diante, até o final do horário de verão de vocês, a diferença de fuso horário é de três horas. O nosso "horário de inverno" começou e, juntamente com ele, vieram as temperaturas negativas. No dia 28 de outubro, a grama amanheceu congelada. Saí da garagem e vi os vizinhos quebrando o gelo dos para-brisas de seus carros. Olhei para o painel do carro: -1°C. Finalmente os canadenses tiraram os agasalhos do armário! Achei que eles não os tivessem, pois eu me sentia um tanto "pateta" andando toda encasacada, com botas, luvas e cachecol a 15°C enquanto eles ainda estavam com seus tênis, jeans e camisa.

Apesar de toda a estranheza com o tempo frio e da rotina diferente, sinto-me senhora de mim novamente. Tenho dormido bem e engordei um pouquinho. Tenho sentido prazer em cozinhar pratos novos, fico procurando coisas gostosas nos mercados e cafés, e provo tudo o que vejo para tentar reproduzir. Estou tão animada que até comprei equipamento para cortar e confeitar biscoitos no Natal.

E vejam que coisa boa: a nossa casa virou o ponto de encontro da criançada vizinha. No fim de semana eles esperam a gente colocar o pé para fora da porta para virem junto. A nossa saída de garagem é a mais larga da rua e há bastante espaço para jogar *hockey*, futebol e basquete. Além disso, há um pinheiro cujos galhos espaçados lembram uma escada, onde as crianças gostam de se empoleirar. Chega a ter dez crianças e mais alguns pais e mães batendo papo ou brincando com eles. Coloquei a rede na cesta de basquete e dois meninos vieram jogar outro dia. Show!

Mais boas notícias: Vou começar as aulas de inglês, mas já não sinto a urgência que sentia antes. Na verdade, farei as aulas para poder estimular meu cérebro e aprimorar a língua, pois já falo ao telefone e consigo as coisas que quero sem qualquer dificuldade. Às vezes falta uma ou outra palavra, mas nada que impeça a compreensão. A melhor parte é que não tremo mais quando o telefone toca. O medo que eu sentia dessa máquina falante era absurdo! Mas continuo sem entender direito pessoas que falam com sotaque. Nem tudo é perfeito!

Outra boa notícia: em mais um mês e meio começarei a trabalhar como voluntária na escola dos meninos. Estou esperando o nada consta da polícia. Exigência da escola.

E surpresa das surpresas, fui contatada por uma pessoa de um setor do governo que faz um trabalho com imigrantes. Eles pegaram meus dados na escola dos meninos e me convidaram para um bate-papo.

Laila é uma assistente social do setor multicultural em um dos diversos *Newcomers Centers* espalhados pelas cidades e trabalha verificando qual é o suporte que o governo pode dar às famílias imigrantes. É uma questão de saúde pública. Mais pessoas felizes e adaptadas significa menos gasto com saúde. Eles trabalham com a prevenção.

Ela me fez uma série de perguntas: "Como está sendo a adaptação das crianças ao novo idioma e à escola? Eles já têm amigos? Como vai o seu marido, está gostando do trabalho? O transporte para o trabalho o agrada? O que, na visão de vocês, poderia ser melhor? Como você está se sentindo com tamanha mudança em sua vida? Como está lidando com a saudade? Como vocês estão lidando com a diferença cultural?" e o mais importante: "o que podemos fazer para tornar a sua vida melhor no Canadá?". Não é assustador, ops, encantador? Pois eu pedi explicação sobre a coleta de lixo.

ESCUTA ESSA!
– Os Newcomers Centers são centros de boas-vindas destinados a receber imigrantes e ajudá-los na adaptação ao país. Há, pelo menos, um em cada bairro.

Sim, estou "de mau" com o serviço de coleta de lixo. Sei que não deveria, pois *eu* tenho que me informar sobre como proceder para me livrar do que não me serve, mas ainda assim estou brava. Explico: Os caminhões de lixo passam na minha rua toda terça-feira. O lixo biodegradável e o reciclável são coletados toda semana. Quinzenalmente, é coletado o lixo que não é alimento ou reciclável, chamado de *garbage*. Mensalmente, exceto no inverno, é claro, pegam também lixo do jardim e móveis velhos. Cada um tem seu recipiente específico e modo de armazenamento.

Logo que cheguei, aprendi como separar o lixo, mas ninguém me disse que há sacos específicos para cada um: de papel para o jardim, de plástico para o *garbage*, o biodegradável ou *compost bag*, para os alimentos e nenhum para o reciclável. Mas estou aprendendo isso em doses homeopáticas, pois só descubro após não ter o lixo coletado. Como eles não recolhem todos os tipos de lixo toda semana, minha garagem parece um lixão, com pelo menos 10 pacotes de 150 litros de lixos diversos. Há ainda aquilo o que pretendo doar, mas não sei como. Que mau cheiro!

ESCUTA ESSA!
– O Canadian Garbage Guideline Disposal dispõe sobre as leis a serem seguidas pela população, indústria e comércio em relação a lixo e dejetos. O particular pode verificar no website de seu distrito a norma simplificada destinada a ele. A separação do lixo é levada a sério. Quase tudo é aproveitado. Até mesmo os restos de alimentos são transformados em adubo, que pode ser retirado gratuitamente pelas pessoas, nos centros de reciclagem. (Ver sites recomendados)

Meu vizinho percebeu o que estava acontecendo e, gentilmente, me deu exemplares de cada embalagem para eu poder comparar na hora de comprar. Na terça-feira que vem, espero fazer as pazes com o serviço de coleta de lixo.

Exceto por este detalhe, as coisas vêm funcionando bem. Todos têm me auxiliado com as tarefas domésticas. Alice e Erik me ajudam a manter a casa arrumada, dobram a roupa lavada, põem e tiram a mesa das refeições, e colocam o lixo na calçada, nas terças-feiras. Alan e Erik ficaram encarregados do jardim. As tarefas são feitas sem reclamação e com visível boa vontade, pois sempre demonstro minha gratidão pela ajuda recebida. Até Lucas entrou nessa. Ele tem que arrumar o quarto, colocar as roupas dele para lavar, guardar os sapatos e apagar as luzes que vir acesas sem motivo.

Apesar dos dias bastante frios, meus filhos saíram pela rua fantasiados no Halloween. Agora a minha cozinha parece uma loja de doces. A despeito de todas as advertências, ainda assim me surpreendi com a alegria e delicadeza das pessoas nessa noite. Esta é a festa que as crianças mais gostam por aqui. Mais até do que o Natal.

Durante o dia, muitas pessoas circulam pelas ruas e vão trabalhar ou estudar fantasiadas. As casas ficam todas enfeitadas com abóboras, caveiras, fantasmas e teias. Às 18h, as crianças saem pelas ruas batendo nas portas perguntando: "*trick or treats*?", que significa "gostosuras ou travessuras?".

A cada batida na porta, eu me encantava mais. Crianças de dois até doze anos, poucas mais velhas do que isso, sempre acompanhadas de longe por um adulto ou por um irmão mais velho, *todos* maravilhosamente fantasiados: fadas, bichinhos da floresta, duendes, tomates, dados, abóboras, cestos de roupa suja, monstros, super-heróis, quanta criatividade! Eles falavam as palavrinhas mágicas e abriam seus saquinhos para que eu os servisse. Então eu mostrava uma bacia enorme de doces e pedia que pegassem o que quisessem. As crianças escolhiam *um* doce. Eu dizia para pegarem mais. Elas pegavam mais *um*. Que dificuldade para me livrar dos doces!

Tive que ir buscar o Alan na estação de trem e deixei a bacia meio cheia na porta de casa, com um bilhete: sirvam-se! Quando voltei, ela ainda continha a metade do seu conteúdo. Quanta educação! Mas, lindo mesmo, é ver a doçura das crianças e a alegria ao ganharem as balas. Totalmente diferente dos filmes, é algo bem mais mágico e doce. Que noite gostosa!

Domingo passado foi o nosso primeiro dia de turismo. O *Ontario Science Center* é um espaço interativo onde a gente faz experiências enquanto entende os fenômenos físicos, químicos e biológicos. Foi mmmmuuuuuuiiiito legal! Domingo que vem, iremos ao Zoo ou a Niagara Falls, o que for menos gelado, pois hoje amanheceu 1°C.

Ontem, percebi que as lojas já estão vendendo enfeites de Natal. Lucas me implorou para montar a árvore. Eu expliquei que era muito cedo para isso e ele ficou triste. Não sei por quanto tempo aguentarei a insistência dele, pois confesso que também estou ansiosa. Adoro enfeitar a casa nessa época do ano. E a melhor parte do Natal desse ano será o meu presente: minha mãe virá me visitar. Preciso falar mais alguma coisa?

Um beijo carinhoso, cheio de saudade de todos vocês,

Lila

LAR DOCE LAR!

Era um alívio ter um lar, novamente! Eu me sentia no caminho certo. A ansiedade estava se atenuando porque eu tinha um objetivo, uma finalidade. Aqueles dois meses vivendo no apartamento provisório não haviam sido fáceis para nós.

Assim que consegui organizar a cozinha, cozinhei brigadeiros, coloquei-os nos meus melhores pratos, tirados do aparelho de jantar que foi da minha avó, junto com um simpático cartão de apresentação, e os levei para os nossos vizinhos, incluindo os recém conhecidos. Sei que corri o risco de não receber de volta os pratos, mas eu os usei de propósito, para que as pessoas tivessem de bater à minha porta para devolvê-los e, assim, eu pudesse ter mais contato com elas.

Todos adoraram a ponto de eu ter de levar brigadeiros em toda festa que ia, a partir de então. Mas a tática dos pratos não deu certo. Eu os recebi de volta, com lindos cartõezinhos de agradecimento e pedidos de receita, mas estes foram deixados no chão, ao lado da porta. Nesse dia, eu tive uma amostra da discrição e formalidade daquele povo.

Logo que consegui arrumar a casa, parti para conhecer o bairro onde estávamos morando. Eu tenho fama de ser uma compradora controlada entre meus amigos. Gosto de comprar livros e só. Nunca tive paciência para passear em shopping centers ou para fazer compras em supermercado. Mas, no Canadá, isso mudou bastante. Tudo nas lojas me encantava. Os supermercados eram um mais lindo do que o outro. Havia um monte de produtos que eu não fazia a menor ideia que existiam e que estava disposta a experimentar, afinal, a cozinheira era eu!

As lojas de departamento eram uma perdição. Eu só estranhei o fato de a maioria só abrir às 10 horas da manhã e de os shopping centers fecharem às cinco da tarde, nos finais de semana.

A minha cozinha foi a primeira a ser aparelhada. Além de linda, tinha de tudo: diversos tipos de trituradores, batedeira, *blender*, fritadeira elétrica sem óleo, fritadeira elétrica com óleo, forno elétrico, forno de micro-ondas, panela para cozimento lento, cafeteira de espresso, panela de pressão elétrica, tudo inteligente, com timer, alarme e desligamento automático, os quais adquiri por preços muito atrativos. Havia facas, espátulas e colheres de todos os tipos e tamanhos. Era muito comum ver um produto de cozinha em uma loja e não ter a menor ideia de qual era a serventia. Eu queria aprender!

Tudo o que eu via tinha vontade de comprar para minha família. Eu tinha que me controlar. Era comum eu entrar em uma loja, demorar três horas e ir embora sem ter encontrado o que eu procurava justamente porque eu ficava encantada, distraída, admirando os expositores.

Por sorte, eu só vim a descobrir os *outlets* meses depois que já tinha tudo o que precisava; do contrário, teria gasto muito mais dinheiro do que gostaria, pois os preços eram realmente convidativos. A quatro quilômetros da minha casa havia uma grande praça de *outlets* com lojas da *Guess, Tommy Hilfiger, Nike, La Vie en Rose, Home Solutions, Home Depot, Home Outfitters, Calvin Klein*, dentre dezenas de outras. É possível passar todos os dias de uma semana visitando as lojas sem vê-las todas. Nunca entrei nas demais, juro!

DICAS DA

Compras: *A Costco, uma rede atacadista similar ao Sam`s Club, é o paraíso das compras de mercado para as famílias numerosas. A Shoppers é uma rede de drogarias mais sofisticada, onde se encontram produtos de beleza com boas promoções. A Sears do Eaton Center possui seções com produtos fora da estação de marcas sofisticadas por preços sensacionais. O Cob's Bread Bakery tem os melhores pães do mundo! A National Sports vende roupas para inverno de qualidade a preços excelentes. Se você pretender comprar eletrônicos, procure na Best Buy, Future Shop, Staples e The Source. Há uma loja da Apple no Eaton Center. Os supermercados mais bacanas são Whole Foods, Sobeys e Metro. Os mais em conta são o Longo's, No Frills, Freshco e Loblaws.*

O PLANEJAMENTO

Quando chegamos à nossa nova casa e vi quanta coisa havíamos realizado desde o dia do "sim", entendi o verdadeiro valor de todo o planejamento que fizemos antes da mudança e a importância de estarmos bem assessorados.

Neste capítulo, você terá ideia do volume de coisas a se planejar e providenciar e, também, do que *não* fazer durante a preparação da mudança para outro país.

De tempos em tempos, o governo canadense anuncia, internacionalmente, a abertura de vagas para determinadas profissões. Tecnologia da informação, enfermagem e recursos humanos são as carreiras em alta, no momento em que escrevo esse capítulo. Procuram casais ou famílias jovens com o objetivo de suprir a carência profissional de determinados setores.

No site do departamento de imigração[10] há um questionário a ser preenchido e, se o candidato alcançar a pontuação mínima, pode se inscrever no processo de imigração. São realizadas entrevistas e testes de inglês e, cumpridos os requisitos, a aprovação chega, podendo demorar de seis meses a três anos até que a família possa "fazer as malas" em definitivo[11].

---

10   www.cic.gc.ca
11   Informações detalhadas sobre processos de imigração estão gratuitamente disponíveis na página do Facebook "Canada Let's Go".

A nossa condição de candidatos a expatriação, sob tutela da empresa, fazia de nós uma exceção a esse prazo, pois estávamos solicitando o visto de trabalho e estudo pelo período máximo de três anos. A aprovação poderia chegar em até três meses e as informações de como proceder para efetuar a mudança chegaram para nós sob a forma de manuais e orientação em pessoa, providos pelo RH da firma.

ESCUTA ESSA!
– Vistos de trânsito ou para viagens curtas são emitidos em até duas semanas. Pessoas que possuem outras nacionalidades, que não seja a brasileira, devem checar se necessitam de visto para visitar o país.

Os brasileiros que possuem visto válido para os EUA, os que já foram contemplados com um visto canadense, ou que estiveram no Canadá nos últimos dez anos, a partir de março de 2016, poderão requerer Autorização Eletrônica de Viagem (eTA) que não exige um visto no passaporte, apenas uma pré-autorização que é feita online antes de viajar. (Veja em sites recomendados)

As nossas relações com o governo canadense e o processo de imigração, entretanto, seriam exatamente as mesmas de um imigrante tradicional: A despesa correria por nossa conta, a qual seria reembolsada pela empresa por se tratar de expatriação e, uma vez residentes temporários, teríamos praticamente todos os direitos e deveres de um cidadão canadense, incluindo saúde e educação públicas.

Após um ano vivendo e trabalhando no Canadá, caso tivéssemos interesse, poderíamos requerer residência permanente, a depender da aprovação governamental. Caso a resposta fosse positiva e se desejássemos, em mais três anos, poderíamos requerer a cidadania canadense. Se aprovados, passaríamos a ter os mesmos direitos e obrigações de um nativo, inclusive o direito ao voto e à aposentadoria.

Quando mostramos para a empresa o interesse na expatriação e após as condições salariais serem negociadas, nos foi providenciada uma aula multicultural onde aprendemos sobre a cultura e os valores locais, sobre o clima e as vestimentas.

Era necessário estarmos cientes das diferenças e das possíveis dificuldades que enfrentaríamos, pois tratava-se de um movimento não apenas muito dispendioso, mas que mexeria com a vida de todos os membros de uma família. Então, em abril de 2011, fomos para Toronto durante uma semana com a finalidade de conhecermos a região. Gostamos de imediato de tudo o que vimos e experimentamos.

ESCUTA ESSA!

– Nos casos de expatriação, devem ser ajustados por escrito e estipulados, em moeda nacional, o salário e o adicional de transferência. A remuneração pode ser paga, no todo ou em parte, no exterior. São obrigatórios assistência médica e seguro de vida. O prazo máximo de permanência no exterior é de três anos e as vantagens adicionais recebidas pelo trabalhador durante esse período não são incorporadas à sua remuneração. A lei impõe a manutenção do vínculo empregatício com a empresa brasileira, bem como o pagamento das contribuições previdenciárias do segurado e da empresa e dos depósitos do FGTS. O retorno pode se dar por conveniência do empregador ou rescisão por justa causa.

Após assinado o contrato de trabalho, de repente, tínhamos uma lista enorme de coisas a fazer. Nós nos preparamos minuciosamente, não apenas nos estruturando materialmente, mas, também, psicologicamente.

Era preciso ler diversos manuais em inglês e havia muito o que organizar. Embora os manuais orientassem com a porção burocrática, precisávamos "pôr a mão na massa" para fazer as coisas acontecerem.

A parte canadense da empresa queria que o Alan começasse a trabalhar em Toronto em julho de 2011. Sob orientação de uma empresa de consultoria, ainda em abril, fornecemos ao Consulado Canadense toda a documentação para a obtenção dos vistos, que poderia demorar até três meses para chegar, e nos submetemos aos exames médicos, condição para a aprovação.

Imediatamente, começamos a trabalhar, pois, quando a aprovação chegasse – preferíamos não pensar na hipótese, ainda que remota, de recebermos uma negativa – haveria muitas mais coisas a fazer.

ESCUTA ESSA!

– Os contribuintes que deixam o país são obrigados a apresentar a Comunicação de Saída Definitiva do País a partir da data da saída até o último dia do mês de fevereiro do ano subsequente. Nesta comunicação, devem ser reportadas as informações pessoais, as posições dos seus bens, rendimentos e pagamentos, em 31 de dezembro do ano anterior e na data de saída. Até 30 de abril do ano subsequente há que se entregar a Declaração de saída definitiva. Com isso, a família passa a ser considerada não-residente para fins fiscais, e os rendimentos auferidos de fontes situadas no exterior são isentos de tributação no país de origem, não havendo a obrigatoriedade de entrega da Declaração de Imposto de Renda no Brasil até que volte a ser residente fiscal ali.

Nós realizamos os exames médicos e fizemos a tradução juramentada de todos os documentos que julgamos importantes. Uma empresa que lida com aduana foi contratada para nos ajudar com os papéis a serem preenchidos, documentos a serem entregues e para controlar o processo do envio do *container* com os nossos pertences, de modo a reduzir o risco de danos, atrasos ou extravios.

DICAS DA

Tradução Juramentada: *Convém realizar as traduções juramentadas ao chegar no Canadá, pois a maioria dos órgãos públicos não aceita as realizadas no Brasil. Aquelas exigidas pelo governo canadense para a concessão do visto, porém, devem ser feitas por meio do Ministério das Relações Exteriores. (Ver sites recomendados)*

Nós deixamos todos os detalhes acertados com a empresa que faria a embalagem dos nossos pertences, inclusive a companhia de seguros, faltando o agendamento das datas de embalagem e do carregamento do caminhão apenas. Enquanto esperávamos o visto, todos nós fizemos aulas diárias de inglês[12], ao longo de 40 dias, e eu comecei a pesquisar sobre Toronto e arredores.

DICAS DA

Seguro dos pertences para mudança: *É fundamental contratar uma companhia de seguros que cubra qualquer dano, seja por manuseio impróprio, por acidente ou pelo tempo e exposição ao frio, calor e umidade. Importante verificar cláusulas de instrumentos musicais, eletrônicos e documentos.*

---

12   Não é necessário fazer a prova de inglês (IELTS) ou de francês (TEF) quando o *work permit* é concedido fora dos programas governamentais.

Existe uma ansiedade natural, nas mães, quanto à adaptação de seus filhos a uma nova escola, e eu não sou exceção a essa regra. Sabendo do caráter multicultural da região da Grande Toronto, para onde iríamos nos mudar, pesquisei a respeito da educação na localidade durante o período do planejamento da nossa expatriação.

Minha principal preocupação era colocá-los em uma boa escola, com jovens com o mesmo padrão econômico e nível cultural, de modo a tentar ampliar o leque de possibilidades de aproximação.

Enquanto eu pesquisava escolas para matricular meus filhos, descobri que a escolha da instituição em que as crianças iriam estudar estaria vinculada ao endereço residencial da nossa família. Por isso analisei criteriosamente a qualidade de ensino das escolas, por bairros, observando metodologia e *ranking*, poder aquisitivo médio da população das cidades e o padrão cultural.

As pesquisas sobre boas instituições de ensino e localização das estações de trem se mostraram extremamente úteis, pois nos ajudaram a definir as zonas onde deveríamos procurar moradia e que atendiam aos nossos critérios de busca. Quaisquer outras pesquisas que eu tenha feito, como clubes, hospitais e clínicas se mostraram inúteis.

DICAS DA

Escolhendo Escolas: *O Fraser Institute mantém em seu website um ranking de comparação entre as escolas e análise sócio cultural dos estudantes. (Ver sites recomendados)*

Também consegui, em nossa rápida visita a Toronto, livros de matemática e inglês canadenses, referentes às séries que meus filhos estavam cursando, e os fiz estudarem três páginas por dia, com o objetivo de nivelar o conhecimento. Isso se mostrou totalmente

115

desnecessário e só lhes aumentou a ansiedade. O ensino da matemática na escola deles estava mais adiantado do que o daqueles livros e, em dois meses vivendo no Canadá, eles saberiam muito mais inglês do que absorveriam naqueles 60 dias de tensão impostos por uma mãe excessivamente zelosa.

O plano era despachar a mudança em até três semanas após recebermos os vistos e, em seguida, embarcar para o Canadá. Ficaríamos em um hotel em Toronto por poucos dias, apenas para providenciarmos os documentos locais. Depois, nos mudaríamos para um apartamento em Burlington, cidade da qual gostamos durante a nossa breve visita, e onde viveríamos até que a nossa mudança chegasse. Isso nos daria tempo de alugar uma casa e "aprender um pouquinho o Canadá" e seu idioma antes que as aulas se iniciassem. Além disso, as crianças poderiam começar a estudar desde o primeiro dia do ano letivo, o que eu considerava importante para a sua adaptação.

Hoje, reconheço que eu tinha mais duas opções que talvez pudessem ter sido melhores:

(1) Alan poderia ter ido sozinho. As crianças e eu ficaríamos no Brasil até o momento da chegada da nossa mudança em Toronto, para só depois seguirmos em definitivo. Isso evitaria o *stress* de viver no apartamento provisório.

Em contrapartida, a nossa família ficaria separada por dois meses. Ainda assim, estaríamos em uma acomodação provisória, só que no Brasil, e talvez o *stress* sentido no apartamento provisório se projetasse para o período em que estaríamos na nossa casa definitiva. As crianças perderiam um mês de aula e Alan ficaria sobrecarregado com a escolha da casa e os afazeres derivados dela.

(2) Outra opção seria ter deixado todos os nossos pertences no Brasil, em um guarda-móveis ou vendê-los e ir embora apenas com as treze bagagens que levamos. Alugaríamos uma casa mobiliada, algo relativamente fácil de se achar na região da Grande Toronto, e compraríamos tudo de que precisássemos.

O inconveniente dessa opção seria ficar afastado das nossas coisas pessoais, e correr o risco de encontrar objetos mofados na volta. Se é que voltaríamos...

Nunca saberemos ao certo o que teria sido melhor, mas manter a família unida era, para mim, tão importante quanto respirar e foi isso o que pautou a nossa decisão.

Eu não queria estressar o Alan com as minhas perguntas, mas isso foi inevitável. Sou ansiosa e me antecipo a tudo naturalmente. Enquanto eu já estava com um pé no Canadá, ele tinha que dar conta do trabalho no Brasil, orientar o seu substituto, se inteirar do novo cargo, cuidar da papelada da transição e gerenciar os chefes.

O clima entre nós era de ansiedade silenciosa. De vez em quando, as crianças vinham com a pergunta: "o visto já saiu?". A resposta era sempre negativa. A expectativa deles era visível. Se por um lado, estavam ansiosos com a experiência que estava por vir, por outro lado, nos disseram que tinham medo de sentirem dificuldade na escola por causa do novo idioma e de não fazerem amizades.

Mas quando Alan chegava do trabalho um pouco mais cedo, nós jantávamos juntos e depois nos sentávamos no sofá para assistirmos a alguma série televisiva, ríamos de nós mesmos e conversávamos. Nossos filhos eram nossos cúmplices, nos mantinham centrados e era um privilégio ter a companhia deles.

O visto chegou apenas em meados de julho, quando o meu marido já deveria estar trabalhando em Toronto. Rapidamente, colocamos em andamento tudo o que havíamos planejado nesse período de espera: agendamos a mudança, separamos a documentação de comprovação para a

Declaração de Saída do País para a Receita Federal, fizemos as procurações e contatamos os bancos.

Precisamos, ainda, cancelar contratos com concessionárias de luz, telefone e internet, cancelar contas em débito automático, tentar obter o máximo de cartas de recomendação possível, obter históricos escolares, prontuários de departamento de trânsito, dentistas e médicos. Além disso, tivemos que contratar pintor para pintar o apartamento em que morávamos no Rio de Janeiro, cancelar o respectivo contrato de aluguel, fazer os comunicados para os amigos e para a família, e organizar o aniversário de 13 anos do Erik. E, o mais importante, tínhamos que aproveitar o máximo de tempo possível com a família e com os amigos. Foi uma loucura.

Com a chegada do visto, também marcamos a data em que deixaríamos o Brasil: 16 de agosto de 2011. Um mês, *um mês* apenas!

Eu comecei a separar tudo o que levaríamos conosco e o que ficaria na casa de parentes, no Rio. Documentos familiares e eletroeletrônicos deveriam ser levados como bagagem de mão. Eu não podia me esquecer de nada que fosse importante e não podia despachar na mudança nada que pudesse ser danificado nos cerca de 45 dias que ela passaria em um navio a caminho de Toronto. Das coisas que seguiriam por mar, tudo o que fosse de tecido, espuma ou papel teria de ser desumidificado em um quarto, durante dois dias, para reduzir o risco de mofo. Todos trabalhamos muito para separar nossos pertences.

Às vezes eu parava para pensar no que nos disseram na aula multicultural, para ter certeza de que não me esquecia de nada importante. Também me lembrava bem da informação que mais me impressionou naquele dia: 80% dos casos de expatriação que não foram bem-sucedidos se deveram à dificuldade de adaptação do cônjuge do expatriado à nova vida. Eu esperava corresponder às minhas próprias expectativas – as melhores possíveis.

ESCUTA ESSA!

– Uma pesquisa realizada por alunos da FUCAPE Business School, em 2011, em João Pessoa, ressalta a importância do suporte psicológico e material do cônjuge nos casos de expatriação, sugerindo que a empresa ofereça auxilio para recolocação profissional, busca de moradia, obtenção de documentos, incluindo habilitação para dirigir e, até mesmo, atendimento psicológico como forma de aumentar o índice de sucesso das expatriações.[13] (Ver sites recomendados)

Uma semana antes de sairmos do Brasil, o caminhão de mudança chegou à porta do prédio onde nós morávamos e uma equipe de cerca de dez pessoas invadiu o nosso apartamento para embalar os nossos pertences. Foram quatro dias entre papelões, plásticos-bolha, caixas, fitas e muitos sachês de sílica para absorver a umidade.

Após embalada, a nossa mudança foi despachada. Ficaríamos hospedados na casa da minha irmã até o dia de partirmos e não havia mais nada a fazer, senão curtir quem amamos e quem nos ama. Nossos amigos e família se reuniram em uma festa de despedida e tudo foi muito emocionante, com direito a vídeo e cartão com declarações de amizade e amor. Eu tentei viver ao máximo aquela noite, guardar na memória cada sorriso, cada conversa, pois em mais três dias nós estaríamos embarcando para o Canadá.

Após o meu último café-da-manhã brasileiro, eu me senti entrando num limbo. Era como se eu tivesse me dado conta de que em poucas horas estaria dando um passo tão grande que eu temia não serem as minhas pernas capazes de dá-lo sozinhas.

Eu não conseguia prestar atenção em nada que não fossem os treze volumes de bagagem espalhados na sala da casa da minha irmã. Nós

---
13 *"Suporte Organizacional e Adaptação de Cônjuges e Expatriados: uma análise por meio de Equações Estruturais"* para o III Encontro de Gestão de Pessoas e Relações de Trabalho.

levávamos conosco roupas, documentos, aparelhos eletrônicos e alguns brinquedos. Será que eu estava esquecendo algo? Será que as malas estavam dentro do limite de peso permitido pela companhia aérea? Estariam todas identificadas? E os documentos para entrar no Canadá, estavam separados com os passaportes? Será que eu estava me esquecendo de algo? Eu já não conseguia aproveitar a minha mãe e a minha irmã que estavam ali ao meu lado, não havia mais tempo para questionamentos, eu estava muito tensa. Estava na hora de almoçar, pois em meia hora iríamos para o aeroporto.

DICAS DA

Para evitar tensões desnecessárias:
Lavre um documento em cartório deixando um procurador de sua confiança para agir em seu nome, quando necessário.
Informe na sua agência bancária por carta, via correio ou entregue em mãos, a saída do país, novo endereço para correspondência e endereço do procurador. Peça confirmação de recebimento.
Solicite no departamento de trânsito do seu Estado o prontuário da sua carteira de habilitação, de modo a poder comprovar o tempo de experiência, para ter direito a pular etapas do procedimento de obtenção da carteira de motorista no Canadá. São aceitos apenas tradutores juramentados da província onde se pretende obter a habilitação para dirigir.
Não é recomendável enviar por navio álbuns de fotografias e documentos importantes como declarações de imposto de renda e outros que não serão utilizados no exterior, sob risco de danificarem com a umidade. Fazer cópias eletrônicas é uma excelente opção nos casos duvidosos.

Não perca tempo solicitando cartas de recomendação e certificados de bom pagador. O crédito no Canadá é concedido pelo histórico no país.

Não perca tempo traduzindo histórico escolar. Por lei, no Canadá, todas as crianças devem estudar. Independentemente de comprovação, a criança é matriculada na escola segundo a sua faixa etária. Qualquer ajuste é feito ao longo do ano letivo, caso a criança tenha dificuldade de acompanhar as aulas.

 *E-mail #8*

De: Lila Kuhlmann
Enviado: Quinta-feira, 08 de dezembro de 2011 13:29
Assunto: Notícias 8

Queridos,

O espírito Natalino está no ar! Inúmeras casas estão iluminadas e ornamentadas, uma beleza! Não fosse o frio, eu passearia a pé pela vizinhança, todas as noites, só para admirar a decoração alheia. Vira e mexe vejo alguém com um gorro vermelho ou um carro com chifres de rena nas janelas e nariz vermelho no capô. Um barato! Nós ornamentamos a nossa casa do jeito que deu, para brasileiros que somos. Acho que ficou lindinho, mas dispensamos as luzes no telhado porque Alan acha perigoso cair lá de cima. Eu bem que queria e insisti muito, mas depois desisti quando ele disse que tem gente que morre fazendo isso.

Respondendo à pergunta que não quer calar, NÃO, não está tudo branquinho! É o nosso primeiro inverno e tivemos apenas alguns poucos momentos de neve durante o dia, nas últimas semanas e, ultimamente, somente à noite. O suficiente para deixar os telhados e a grama brancos no início da manhã. É uma paisagem muito bonita e emocionante para nós da tropicália. É claro que eu fui lá conferir de pertinho e gelei os meus dedinhos, toda sorridente.

Para quem perguntou quanto ao frio, estamos nos adaptando bastante bem. Eu adotei roupa de neve a partir dos 15°C, mas Alan, Lucas e Erik se controlaram e só apelaram para o casaco pesado quando a temperatura baixou dos 10°C. Alice está firme e forte até agora só com a roupa térmica, botas e um moletom. Mas, depois de um tempo, a gente se acostuma. Hoje fez -2°C e eu saí só com a roupa fina da ginástica, bota e sobretudo aberto, superconfortável. Quem diria!

Falando de coisas mais quentinhas, sim, estou me exercitando três vezes por semana. Preciso eliminar os três quilogramas que se recusam a me abandonar, pois eu não quero fechar a boca. Não adianta que não desisto dos sorvetes Haagen Dazs e dos chocolates Lindts por magreza nenhuma! Tenho corrido por meia hora, diariamente. Também estou preparando meu braço para voltar a jogar squash e fazendo natação duas vezes por semana. Eu queria dizer que me sinto *a* atleta, mas não consigo, pois meu corpo todo dói!

As crianças continuam ótimas e só tenho elogios. Alan está a trabalho no Brasil e estou cheia de saudade dele. Ele chegará domingo com a sogra à tiracolo. Passei as duas últimas semanas preparando as coisas para recebê-la. Comprei uma cama para o quarto de visitas que eu mesma montei. Também montei estante, gaveteiro e cabideiro. Aqui, as pessoas são adeptas do "faça você mesmo" e tenho me saído bastante bem.

Nossa vida social está mais ativa. Já visitamos algumas pessoas e fomos a uma festa de aniversário. Temos dois convites para festas de canadenses e convidei duas famílias - neste caso, brasileiras - para virem aqui em casa, em dezembro. Os únicos canadenses que nos visitaram, até agora, foram os camundongos. Sempre odiei baratas, mas agora há ratos para competirem com elas. Aghhhh!

Quanto às pessoas, ainda não me sinto à vontade para receber formalmente os kanuks, porque não tenho certeza do que devo preparar. Vou esperar as duas festas que estão por vir. Mas a minha vizinha já aceitou tomar um café com bolo comigo, no meio da manhã, na semana que vem. Sim, tive que agendar.

Fomos a uma festa que só tinha brasileiros. Pessoal muito bacana, não só os convidados, mas, principalmente, os anfitriões. São pessoas gentis, animadas, bem-humoradas e que nos adotaram, que alegria! Sentimo-nos imediatamente bem com eles, mas acho que qualquer pessoa os adoraria. Foram eles, Joy e Sergio, que nos ensinaram como nos defender dos terríveis roedores.

Todos os dias me sinto grata pelo Alan ter sido enviado para cá, e não para os EUA, para a China ou qualquer outro lugar do planeta. Nada contra os EUA ou a China, mas tenho certeza de que em quase nenhum outro lugar do mundo minha família seria tão bem recebida, com tão boa estrutura e com pessoas tão amáveis nos rodeando. O canadense faz questão de ser um excelente anfitrião, se orgulha disso, e eu sou muito grata! Nós estamos quase nos sentindo em casa.

A fase do alívio já passou. Agora que vou receber a minha mãe e sei que verei minha irmã em maio, estou mais feliz. Já superei a tristeza por não ganhar abraços dos amigos e da família e aprendi a me contentar com o Skype. Queria dar um abraço bem apertado em quem o inventou! É bom demais poder ver e falar com quem se gosta! O Ser Humano tem uma capacidade infinita de se adaptar. Ainda bem!

Para variar, estou atrasada nas respostas aos e-mails...

E para quem chegou até aqui achando que o Alan foi insensível com a decoração de Natal, saibam que estão enganados. Algum tempo depois da nossa sofrida conversa sobre luzes e telhados, ele veio cheio de amor dizendo que enfeitaria a casa do jeito que eu queria, pois sentiu que me faria muito feliz, e nem falou em arriscar a vida. Por dentro, eu estava muito satisfeita com o carinho, mas recusei. Vai que a história de morrer gente é verdade?! Não vou arriscar, não é mesmo?

Contagem regressiva para ver a minha mãe e o maridão. Muito feliz por isso, apesar de não conseguir esquecer os ratinhos.

Mil beijos,

Saudades,

Lila

PS: Minha vizinha acabou de me dizer que não é incomum pessoas morrerem eletrocutadas e caindo do telhado na época de Natal. Que horror!

SABOREIE OS MORANGOS!

Com a virada do ano, Alan e eu tivemos a impressão de que a nossa vida havia, finalmente, começado. Não que estivéssemos relaxados e adaptados, mas ao menos tínhamos a mente limpa das obrigações ligadas à transferência e restava a sensação de que, a partir dali, poderíamos começar a viver um dia de cada vez.

Sei que esse comentário pode parecer absurdo, pois estou falando de uma lacuna de nove meses, mas é como nos sentimos. Desde abril de 2011, quando dissemos "sim", até dezembro de 2011, vivemos em função dessa mudança, seja planejando, seja nos adaptando. Descobrimos que o *stress* prejudica em muito a prática do *viver*. Há que se ter muito autocontrole para apreciar os momentos, apesar das dificuldades.

Me parece que o Ser Humano está sempre esperando por um determinado momento para começar a aproveitar a vida: "quando eu for rico", "quando eu me formar", "quando eu me casar", "quando eu tiver filho", "quando eu estiver magro", "quando o processo da mudança terminar", quando, quando, quando! E o que seria viver, senão se concentrar em fazer de cada momento algo útil ou prazeroso?

A expectativa é a mãe da decepção. Agora, que a ansiedade diminuiu, percebo que me faltou flexibilidade para aceitar os imprevistos da vida e maleabilidade para lidar com eles e, por isso, saí do prumo por alguns momentos. Imprevistos não são necessariamente algo ruim. Eles apenas nos pegam de surpresa, sacudindo as nossas mentes e são uma oportunidade de ampliarmos a nossa zona de conforto. Aproveita quem tem coragem.

E por que temos tanta dificuldade de aproveitar o momento presente quando estamos sob *stress*? Por que o novo mexe tanto com os nossos medos? Por que nos deixamos paralisar pelo imprevisto, pelo inesperado? Desculpe, não pretendo responder a essas perguntas, pois as respostas são extremamente pessoais e dependem da bagagem que cada um carrega, mas as deixo para reflexão.

Certa vez, li em um livro de Roberto Shinyashiki[14] uma história que parafraseio a seguir: um homem estava passeando por uma estrada margeada por um barranco, quando foi cercado por ursos. Para fugir dos animais, ele começou a descer o barranco e se segurou em uma raiz. Quando ia pular para o chão, viu onças a cerca de um metro abaixo dos seus pés. Ele, então, se agarrou bem à raiz tentando imaginar o que fazer. Ursos tentando alcançá-lo por cima, onças esperando-o cair logo abaixo. Foi quando ele olhou para o lado e viu um perfeito, rubro e suculento morango. O homem se segurou com força na raiz, se esticou até alcançar a pequena fruta, a arrancou e a levou bem próxima ao próprio rosto, de modo que pudesse sentir o seu delicioso aroma. Depois, ele a saboreou lentamente. Fim.

Por favor, perdoe-me se enfeitei demais, porém o importante é a mensagem: Na vida, sempre haverá onças e ursos, cabe a você saber aproveitar os morangos. Saboreie-os!

Nós nos esforçamos para aproveitar os morangos desses primeiros nove meses. Acho que nos saímos muito bem em diversos aspectos, mas me parece que nos sobrecarregamos tanto com a necessidade de fazer dar certo, que nos faltou leveza para sentirmos os aromas.

---

14 Roberto é consultor empresarial e autor do livro "O sucesso é ser feliz", de onde provém o texto parafraseado e que inspirou o título deste capítulo.

O MUNDO INTEIRO NO CANADÁ

É impressionante a quantidade de imigrantes que vivem no Sul de Ontário. Quando eu estava nos EUA e falava português, me sentia uma exceção, pois as pessoas ao redor somente falavam inglês. No Canadá, isso não acontece. É comum caminhar no mercado e ouvir as pessoas conversando em outros idiomas, muitas vezes indistinguíveis.

Sotaque é o que mais se ouve por ali. O meu é bastante forte. As pessoas percebiam de imediato a minha condição de imigrante e tentavam adivinhar de onde eu vinha, mas nunca acertavam. Já Alan fala Alemão com sotaque português e fala inglês com sotaque alemão. Vai entender! Certa vez, perguntei ao Erik quem tem mais sotaque, o pai ou a mãe dele. Meu filho respondeu sabiamente: "Mamãe, o importante é ter saúde".

Não é nada fácil achar algum canadense entre Toronto e Burlington. As pessoas sempre apresentam algum sotaque. Portanto, conhecer nossos futuros vizinhos, com quem dividiríamos a cerca entre as casas, acabou sendo uma agradável surpresa.

Quando ainda morávamos no apartamento provisório, por ocasião da instalação da TV a cabo, nós passamos parte do Dia de Ação de Graças na nossa futura casa, em Oakville. Nós estávamos aguardando o técnico da companhia de telecomunicações, quando o Lucas falou:

"Mamãe, eu quero ir lá fora, eu vi um menino!". Abri a porta para ele e o segui.

Em nosso pinheiro, havia um menino de quatro anos. Ele brincava a bem mais de um metro de altura, entre os galhos. Lucas se juntou a ele feliz da vida. Pouco tempo depois, surgiu Mary, a mãe do meu pequeno invasor e minha futura vizinha. Ela me informou que todas as crianças da rua gostavam de subir no nosso pinheiro, pois seus galhos pareciam uma escada, e que nas duas casas vizinhas à nossa moravam sete crianças.

Enquanto eu conversava com Mary, percebi que algumas casas adiante havia um grupo de crianças jogando *hockey* no meio da rua, como eu fazia quando era pequena, no meu bairro (substitua o *hockey* pelos patins, vôlei, taco). Elas brincavam sem a supervisão dos pais. Minha alegria pela sensação de segurança sentida foi indescritível.

Mary, seu marido e três filhos são todos canadenses. Eles nos apresentaram à Bea, grávida de seu quarto filho, todos canadenses. Seu marido é sul-africano.

Logo que nos mudamos, conheci Hannah, uma bela libanesa que morava na casa da frente. Ela é casada com um canadense e eles possuem dois filhos adotados, um belo guatemalteco, e uma linda menina chinesa. Costumamos dizer que essa é a família mais internacional que já vimos.

Um mês depois que nos conhecemos, para minha alegria, Mary nos incluiu na festa de Natal do bairro, quando teríamos a oportunidade de conhecer outros vizinhos. Eu *precisava* me socializar com adultos. Como o convite havia sido feito através de um *website*, eu soube que deveria levar algum prato de doce ou salgado.

Eu estava ansiosa e apreensiva, pois não fazia ideia de como me comportar, me vestir e se o que escolhi para levar era adequado. Rezei para passar despercebida. Bem... nem tanto, pois eu queria fazer amizades.

Naquela noite, caminhamos com Hannah e seu marido até a casa que ficava nos fundos da minha, onde a festa já estava acontecendo. Mesmo vestida com quilos de roupa, eu tiritava de frio e ansiedade. A noite foi transcorrendo e, aos poucos, fomos conhecendo o restante dos nossos vizinhos multiculturais: havia gente da Escócia, Inglaterra, Suécia, Líbano, Holanda, Brasil, África do Sul, Austrália, oh, e Canadá também!

No início, todos falavam baixo e se movimentavam pouco. No decorrer da noite, o teor alcoólico no sangue das pessoas foi aumentando e todos ficaram mais desinibidos. As vozes ficaram mais altas, os gestos mais amplos e comecei a me sentir bem entre meus vizinhos.

O burburinho das pessoas falando ao mesmo tempo em um idioma que eu não dominava completamente, a velocidade acelerada com que contavam as histórias, as gírias e os temas alheios ao meu conhecimento não me permitiam entender boa parte do que era conversado, mas, mesmo assim, eu estava feliz vendo as pessoas animadas.

A sobremesa que escolhi para levar não era a apropriada para o evento: um pudim de leite, que necessita de pratos e garfos para ser degustado. Aprendi que deveria providenciar sobremesas do tipo *finger food*, que pode ser comida sem talheres, utilizando apenas as pontas dos dedos, palitos ou guardanapos, padrão norte-americano nas festinhas.

E não, minha roupa não estava adequada para a festa. Não pensei que tanta gente aglomerada em um local com aquecimento me faria morrer de calor. Eu suava com minha blusa de lã de mangas longas e gola rolê. Pelo menos, não estava deselegante. Nos anos seguintes, mais adaptada ao frio, compareci usando vestido e foi perfeito.

NOSSOS PRIMEIROS VISITANTES CANADENSES

Nós queríamos receber na nossa casa muitas pessoas que ainda iríamos conhecer, e eu procurava deixá-la o mais agradável possível, a começar pela minha garagem, que é um exemplo na vizinhança. Está sempre organizada, com algumas folhas secas trazidas pelo vento e poucos brinquedos de verão, como golzinho, bolas, tacos de *hockey*, patins e bicicletas. Também há nela os cortadores de grama, a churrasqueira portátil, as latas de lixo e, é claro, o carro. Bem vazia para os padrões canadenses.

Esses guardam na garagem, durante o inverno, as coisas que eles usam no verão: piscinas, pula-pulas, tanques de areia e de água, bicicletas, carrinhos de mão, móveis e brinquedos de jardim, equipamento para camping, golfe, raquetes, dentre outros. Durante o verão, são guardadas na garagem coisas que se usa no inverno: patins, gols, uma coleção interminável de tacos e equipamento para *hockey*, que são extremamente volumosos, esquis, brinquedos de neve, tobogãs, máquinas para tirar neve da calçada, pás etc. Além disso, exceto por nós, todos têm uma mini oficina na garagem.

Elas ficam tão abarrotadas que os carros sempre dormem na calçada. No inverno, quando neva, dá dó ver as pessoas tirando o gelo dos para-brisas dos carros, que dormiram ao relento por falta de espaço nas garagens.

Meu *basement* também é exemplar. Bem, eu achava que não era, até ver o das outras pessoas. Sempre armazenando muitas coisas! Mas por mais organizada e limpa que eu fosse, não pude evitar os camundongos. Eles são bichinhos redondinhos de, no máximo, cinco centímetros de comprimento, peludinhos e, segundo a Alice, "tão fofinhos...", mas são como uma praga no outono.

Esses pequenos animais não são como os ratos dos países tropicais. São animais silvestres que vivem na floresta. Como aqueles da Branca de Neve, da Bela Adormecida e da Encantada. Infelizmente, eles não falam, não limpam a casa e nem costuram para você. Como a maioria dos lugares no Canadá têm pequenos bosques, quando a temperatura baixa dos 10ºC, esses animaizinhos correm para dentro das casas, reconhecendo o calor com seus sentidos apurados, em busca de abrigo e comida.

Eles são tão pequenos e seu corpo é tão flexível que conseguem passar por sob a fresta da porta ou por um buraco de dois centímetros de diâmetro, talvez menos. Internamente, as casas canadenses são feitas de madeira e algumas paredes são ocas. Esses pequenos roedores andam livremente por dentro delas e pelos dutos de ventilação e procuram um buraco qualquer para entrar na sua casa.

A primeira vez que percebi camundongos na minha casa foi no outono de 2011, quando achei bolinhas de fezes de rato no exaustor da cozinha. Lacrei o aparelho e coloquei ratoeiras pela casa. Não peguei nenhum camundongo, mas também nunca mais vi cocô de rato. Isso bastou e nunca mais tirei o lacre.

No outono de 2012, assim que a temperatura começou a cair, tomei cuidado para não deixar qualquer migalha de comida à vista, de modo a evitar essas visitas indesejáveis, mas não deu certo. Alice havia acabado de chegar da escola quando viu *um deles*. O bichinho se assustou com a exclamação dela e correu para baixo do sofá da sala da família.

Ficamos de tocaia, por quase uma hora, esperando o pobre bicho sair de sob o sofá. A cena era hilária: nós quatro segurando tigelas de alumínio, prontos para emborcá-las sobre o ratinho. Pelo visto, ele era mais esperto do que eu, e a operação caça-ratos deu em nada. Então, espalhei pela casa 30 ratoeiras com manteiga de amendoim – eles adoram – e cogitei adotar um gato.

Fiquei surpresa quando, no dia seguinte, percebemos que as armadilhas funcionavam. Chegamos à conclusão de que não precisaríamos de um gato, que pena!

Ver, dia após dia, aqueles "serzinhos" morrendo de forma tão dramática me fez comprar uma ratoeira politicamente correta, que prende os ratinhos, mas não os mata. Nós teríamos apenas que levá-la para o bosque e soltar os bichinhos por lá. Só que eles eram mais espertos: entravam na ratoeira, comiam a isca e saíam, não sei como. Desisti dela.

Eu ficava me perguntando se tínhamos eliminado toda *Ratatouille* ou se eles eram mais espertos do que nós e já haviam percebido que as ratoeiras eram perigosas armadilhas, pois, em determinado momento, elas já não pegavam mais ninguém. E assim aconteceu durante todos os outros outonos.

O INVERNO

Nós já tínhamos temperaturas negativas há algum tempo. Era dezembro, e eu dirigia para as escolas dos meus filhos, quando, de repente, vi uma espécie de fuligem sendo levada com força pelo vento. Uma fuligem leve e branca. Demorei alguns instantes para me dar conta e, então, falei para mim mesma: "Está nevando!". Eu repetia bem alto, dentro do carro, "está nevando!". Fiquei eufórica.

Talvez você me ache boba por ficar tão emocionada, mas entenda, eu nunca havia visto neve e esperava por aquilo com expectativa quase infantil. Para minha surpresa, aqueles flocos dançando à minha frente formavam uma paisagem bem mais bonita do que eu esperava e me pegaram em um momento de pura serenidade. Que emoção, minha primeira neve! Foi amor à primeira vista!

O volume dos flocos aumentou e formou uma cortina branca, translúcida à minha frente. Imediatamente, lembrei-me de reduzir a velocidade e de não fazer movimentos bruscos. Assim que achei um lugar seguro para estacionar, parei o carro e telefonei para o Alan: "Está nevando, e agora?". Não tenho certeza de quanta informação eu realmente precisava ou se o que eu queria mesmo era partilhar o meu "momento", mas ele foi muito paciente me orientando a não jogar água no vidro porque a água iria congelar no para-brisa e só pioraria a visibilidade – parece óbvio, mas, no desespero, dá vontade de fazer.

    O limite da pista era de 60 km/h. Mantive o carro a 40km/h achando que atrapalharia os outros motoristas ao redor, mas estavam todos na mesma velocidade. Eu seguia admirando o caminho que fazia todos os dias para buscar a Alice na escola.

    Quem diria que aquela floresta de árvores nuas teve as folhas coloridas pelo outono há pouco mais de um mês? Agora, estava começando a ficar branquinha de neve, que lindo! Mais à frente, sob a ponte, estava o Glen Abbey Golf Club. Eu costumava caminhar naquela ponte para poder admirar as cores do outono na vegetação e, em breve, o faria novamente para poder admirar a minha paisagem predileta ficando completamente branca.

    Meus filhos se mostraram tão animados quanto eu. Nós não parávamos de falar. Ao chegarmos em casa, fomos todos experimentar a neve com as mãos. Correndo o risco de você rir de mim, confesso que também a levei à boca. Eu queria experimentar cada pedacinho da minha primeira neve.

    E não éramos só nós que estávamos fora de casa. Aparentemente, todos ali festejavam a chegada da neve, pois a rua estava repleta de crianças felizes, brincando.

    Entrei em casa e liguei o Skype para falar com a minha mãe. Coloquei a câmera do computador de frente para a janela, de modo que ela e minha irmã pudessem admirar os flocos caindo lentamente, dançando com o movimento da brisa. Foi um momento muito bacana. Eu estava feliz e queria partilhar com elas a minha felicidade.

    Mas a neve não durou mais que uma hora, para minha decepção. Até o final de dezembro, ainda tivemos poucos minutos de neve, nada que desse para acumular no solo, mas que me emocionava cada vez que eu via cair.

Depois que contei aos meus amigos que havia nevado, muitos me enviaram um *link* para o "Diário de um argentino em Toronto", que foi postado no *YouTube*, e que recomendo a quem quiser dar boas gargalhadas. A maneira como o narrador conta a história de seu primo é bastante próxima ao que eu senti nas minhas primeiras impressões. É necessário manter um olhar carinhoso e emocionado quando os acontecimentos se repetem. Principalmente no inverno, há que se ter bom humor, do contrário, terminará como o protagonista do vídeo.

Os invernos seguintes foram bem mais generosos e satisfizeram a minha necessidade infantil de brincar no gelo.

Quando neva bastante, há tanta neve, que, por vezes, não se sabe onde começa a calçada. Você deve dirigir seguindo a trilha do carro que passou por ali previamente. Certa vez, subi na calçada quando dirigia por um lugar desconhecido. Não havia marcas de pneus na rua, nem pessoas ou placas ao redor para eu me balizar, e a rua era bem mais estreita do que as demais ao redor. Que susto!

Mas nevascas assim são raras na região onde moramos. Geralmente, fica tudo branquinho, muito lindo e dentro do limite da segurança. É claro que essa segurança é relativa. É necessário dirigir com cuidado dobrado, velocidade reduzida e um bom carro.

Na América do Norte, o automóvel, por mais básico que seja, tem ar condicionado, aquecimento, trio elétrico, freio ABS e isolamento térmico. Eu recomendo, ainda, um que tenha aquecimento do banco. O carro parece uma espécie de freezer gigante no inverno e, até que o calor se espalhe pelo ambiente, o banco aquecido te deixará mais confortável para dirigir em segurança. O veículo que compramos tinha um sensor de derrapagem e corrigia automaticamente a direção de *cada uma das rodas dianteiras* independentemente.

A primeira vez que senti o ABS funcionar levei um susto. Parecia que eu tinha passado por uma rua cheia de buracos e algo se arrastava no fundo do carro. Passado o susto, fiquei grata por ter tanta segurança. Também é muito útil ter desembaçador nos espelhos laterais externos.

No sul do Canadá, não é necessário colocar correntes nas rodas, exceto quando há nevascas de longa duração. A última foi na década de 70 e não se espera outra tão cedo. Em locais mais ao norte, como em Sudbury, a 400 km de Toronto, é necessário ter correntes nas rodas para vencer a neve e, quando estacionar, deve-se ligar o carro em uma tomada elétrica (sim, eles são adaptados, bem como os estacionamentos) para manter o óleo em estado viscoso, de modo que não danifique o motor.

Quando há o degelo da neve, as ruas viram um poço de lama bastante feio e, se as temperaturas voltam a cair, o perigo aumenta, pois, a água derretida nas ruas congela, e nem um motorista experiente sabe distinguir o gelo da água. É o chamado *black ice*. O risco de derrapagem e acidentes é enorme.

DICAS DA

Cuidados extras a se tomar quando se sai com o carro em dias de neve: *ter um bom par de luvas e uma espátula para tirar o gelo dos vidros e espelhos; colocar no compartimento de água para limpar o para-brisa um líquido especial cujo ponto de fusão é inferior a -40ºC, de modo que se possa limpar o vidro sem ganhar uma camada extra de gelo; ter no porta-malas cobertores, barras de cereais dentro do prazo de validade, lanterna e pilhas que funcionem; vela, fósforos e uma lata. Caso o carro enguice ou ocorra um acidente, você tem como se defender até a chegada do socorro utilizando os suprimentos deste kit.*

Uma amiga me contou que certa vez derrapou com o carro, o qual caiu em um barranco, ficando soterrado em um banco de neve. Sem conseguir abrir as portas do carro, sabendo que provavelmente estava invisível para quem passava pela estrada, ela amarrou um lenço vermelho a uma antena velha, abriu uma fresta da janela e colocou a bandeira adaptada para fora do carro, vencendo o volume de neve que soterrava o veículo. Enquanto torcia para ser socorrida, ela aqueceu as mãos na lamparina que fez com a lata e a vela. A estratégia funcionou. A "bandeira" vermelha foi vista por um passante na estrada e ela foi salva em menos de duas horas. Após ouvir essa história eu incluí uma vareta longa e um pano vermelho no meu kit.

É importante, também, ficar atento à pressão dos pneus, que diminui com a redução da temperatura ambiente.

Logo que começa a nevar, os tratores enviados pela prefeitura circulam pelas ruas das cidades. Eles passam empurrando a neve para a calçada e jogando sal nas ruas, tanto para derreter a neve remanescente, quanto a que virá. Quando há muita neve, não há sal que resolva e você tem que retirá-la, com uma pá ou com uma máquina apropriada, e colocá-la no jardim para que as pessoas possam passar pela sua calçada em segurança, sob pena de receber multa se não o fizer, ou de responder a uma ação judicial se alguém cair na sua calçada por causa do seu desleixo.

A primeira vez em que tirei a neve da calçada fiquei com muita dor nas coxas, braços, costas e glúteos. Com o tempo, me acostumei com o trabalho e parei de sentir dor. Na verdade, eu passei a gostar de tirar neve da calçada.

Eu sei, não faz sentido gostar de uma tarefa como essa, mas eu te digo que tudo na vida é uma troca: no inverno, não precisamos cuidar do jardim, algo que eu considero bem mais trabalhoso e que demanda mais tempo e talento do que limpar a calçada com neve. No inverno, não é necessário tirar ervas daninhas, aerar o solo, fertilizá-lo, cortar e aguar a grama, recolher as folhas secas, podar arbustos e árvores e estocar o lixo por duas semanas. Nunca tive talento para a jardinagem e prefiro o inverno.

Eu gostava do silêncio abafado, de ouvir o som da minha respiração e mais nada, de discriminar sons um por um e de transpirar um pouco sob as roupas pesadas. Apesar de todo o frio, eu me sentia mais viva.

Como o Alan e as crianças saíam bem cedo para o trabalho e para a escola, eu costumava levá-los aos seus destinos e deixava para limpar a calçada quando retornasse. Eu poderia pedir que eles acordassem um pouco mais cedo para me ajudarem, mas aquele era um momento meu e eu realmente apreciava estar comigo fazendo aquilo.

Bem, eu pensava isso até a tempestade de fevereiro de 2013, que nos fez adiar uma viagem para a Islândia, pois os voos haviam sido cancelados. Naquela manhã, ignorando o bom senso, eu decidi ir comprar pão. Quando me dei conta da minha imprudência, era tarde demais, meu carro já estava atolado no meio da rua. Precisei chamar o Alan, que me ajudou a cavar a neve com a pá ao redor do carro e depois o empurrou até a calçada. Nesse dia não faltou neve para eu me exercitar.

Passamos o dia seguinte ilhados em casa. A cidade estava em estado de emergência. As rádios e canais de TV alardeavam para ninguém sair de casa e a nevasca continuava a cair. De vez em quando, eu saía para tirar um pouco de neve da saída das garagens e da calçada, ciente de que quanto mais espessa, mais pesada ficaria. Eu realmente me divertia fazendo aquilo e estava adorando ver tanta neve. Era mesmo lindo!

No terceiro dia, quando acordei e vi a quantidade de neve acumulada no parapeito das janelas, fui ver como estava a calçada. Qual não foi a minha surpresa, para não dizer desespero, quando encontrei tudo coberto por uma camada de neve de cerca de 50 cm nos locais onde eu havia limpado, como também o tal trator (aquele do Diário de um argentino em Toronto) havia passado na rua e empurrado para as calçadas e saídas das garagens toda a neve que antes estava acumulada na via.

Havia um prisma triangular de gelo sólido que ocupava toda a extensão das duas calçadas, cerca de 250 m de extensão cada uma, um metro de altura e pelo menos a mesma dimensão em profundidade[15]. Por alguns instantes, senti ódio profundo do trator e chamei o resto da família para me ajudar, pois eu não tinha força para quebrar o gelo sozinha. Me consolei pensando que, pelo menos, após limpar a calçada novamente conseguiríamos sair de casa com o carro, coisa que seria impossível se o trator não passasse...

Naquela manhã, Lucas e eu "nadamos" através da neve acumulada nos jardins, que chegava a ter um metro de altura, e ainda era fofa em alguns lugares. Como desbravadores, completamos nossa jornada até o parquinho da esquina, pois pouca gente havia conseguido limpar a calçada.

Havia um monte de crianças no parque fazendo *tobogganing*, uma brincadeira que consiste em descer os montes de neve utilizando uma prancha com bordas arredondadas para cima, como se fosse um trenó sem pés. Os adultos e adolescentes tiravam a neve do estacionamento para que pudessem jogar *hockey*. Fazia cerca de -15°C e o bairro estava mais vivo do que nunca!

Após meu segundo inverno canadense, passei a amar essa estação, não pelo frio, mas pela neve e pelo gelo. Aprendi a esquiar quando viajamos para um *resort* de inverno e foi como se os esquis pertencessem aos meus pés. Também gosto muito de patinar no gelo, prazer compartilhado por Lucas e Alice.

Nas cidades, os campos de futsal cobertos viram pistas de gelo; é possível passar deliciosos momentos deslizando por lá. Em especial, amo jogar *curling*, esporte que é paixão nacional. Foi Joy quem me perguntou se eu gostaria de experimentar lançar algumas pedras. Logo na primeira vez que pisei no gelo, caí de traseiro no chão. Meu grande erro foi me levantar e tentar de novo: me apaixonei. Após algumas aulas e uma temporada de jogos, todos me elogiavam, diziam que eu não parecia uma novata. Eu

---

15 Você pode checar o que conto nas fotos do álbum de fotografia da *fan page* "Canada Let's Go", no Facebook.

sempre era chamada para substituir pessoas que faltavam aos jogos em outros horários e me sentia orgulhosa por isso.

 **ESCUTA ESSA!**
– O curling é um esporte olímpico praticado em uma pista de gelo, de cerca de 45 m de extensão. Dois times de quatro pessoas cada se revezam lançando pedras de granito na direção de um alvo desenhado sob o gelo no extremo oposto da pista. As pedras de quase 20 kg, ao serem lançadas, fazem uma curva sutil no gelo e varredores podem "corrigir" a sua direção. Vence o time que somar mais pedras próximas ao centro do alvo. É um jogo de estratégia e habilidade manual.

Sim, amo os esportes de inverno, adoro tirar neve da calçada, me enlevo com o silêncio que ela proporciona, sobretudo, adoro a vida que o inverno traz para os bairros residenciais. Bem... talvez eu sinta isso porque nunca peguei um mês de nevasca, quando as casas ficam isoladas por dias com neve acima do nível das janelas, e limpar o caminho à frente da sua casa é um verdadeiro desafio!

 *E-mail #9*

De: Lila Kuhlmann
Enviado: Quarta-feira, 04 de janeiro de 2012 13:03
Assunto: Notícias 9

Feliz ano novo, pessoal!

É... pelo histórico local, deveríamos estar com neve pelos joelhos e uma temperatura média de -20°C, mas os cariocas vieram esquentar o inverno do sul de Ontário e a temperatura tem sido -2°C. Não é mesmo um presente? Pena que tivemos pouca neve...

Os dias têm estado lindos. Certa manhã, o sol brilhava tão intensamente, que preparei um cappuccino para manter as mãos aquecidas e fui me sentar na escada do *deck* para tomar um solzinho. Em menos de um minuto senti o meu rosto congelar e voltei correndo para dentro de casa. É... nessa temperatura o sol não esquenta a gente e não há a menor chance de lagartear lá fora. Estamos vivendo em um freezer gigante.

E para quem acha que abaixo de zero é "frio tudo igual", pode esquecer! Ontem preparei as crianças para irem à piscina. "Todo mundo com roupas térmicas, sobretudo, gorro, cachecol, luvas e botas? Então vamos lá!". A temperatura externa era de -13°C. Geeeennnnnte!!! Nunca pensei que acharia a minha geladeira morna! Sem brincadeira, preciso de luvas melhores, botas melhores, tudo melhor. Melhor mesmo deve ser não sair de casa, porque o frio entra pelas frestas das roupas, que sofrimento! Depois que a gente sai de casa, só um banho quente devolve o calor ao corpo! Mas hoje já estamos com -2°C de novo, ainda bem!

Nem vou ficar falando do trabalhão que dá colocar e tirar tanta roupa! Demoro quase 10 minutos para ajudar o Lucas a se vestir!

E justamente para evitar esse trabalho que dá trocar de roupa, outro dia me decidi por tomar banho no centro comunitário e passei por uma situação muito divertida. Era uma dessas manhãs geladas e com muito vento. Saí do prédio com os cabelos molhados, recebi um golpe de vento vindo pelas costas e ganhei uma escultura de gelo na cabeça. Os meus cabelos ficaram duros, na horizontal, voltados para frente. Na dúvida se quebraria os fios, achei melhor não desfazer o "penteado" novo e fui até em casa com aquela moldura gelada no rosto. Ao chegar, corri para o banheiro para me olhar no espelho. Foi engraçado ver os meus cabelos meio duros, com as pontas derretidas, mas não recomendo a experiência para ninguém, pois é muito desconfortável, além de feio!

Minha mãe está aqui desde o dia 11 de dezembro e esse foi um presente gigantesco para nós duas. Ela se adapta a qualquer coisa, nem liga *pro* frio. Se encasaca toda e vai se divertir. Acho que está muito bem: mais relaxada, não tem tomado remédio para dormir, pressão de menininha, até se esqueceu de algumas medicações que toma regularmente.

Além dos passeios locais, fomos ao Ontario Science Center, Niagara Falls e CN Tower. Ela voltou descadeirada de tanto andar. Na semana que vem, iremos ao Museu de História Natural e sabe-se mais o quê. Só passeios internos, claro!

Nosso Natal foi muito gostoso. Alan teve de ir "buscar" o Papai Noel e mais uma vez "não apareceu nas fotos" com o bom velhinho, que conseguiu encantar a todos distribuindo os presentes e nos divertindo com suas brincadeiras.

Passamos o *Reveillon* cercados de pessoas agradabilíssimas, de diversas nacionalidades, na casa de Sergio e sua família. Foi uma noite deliciosa, com direito a violão, piano, batucada e muita comida gostosa.

Para quem não sabe, Sergio é um "cara" com mais conhecimento do que seu corpo magro poderia suportar. Quando penso nele, imagino balõezinhos saindo de sua cabeça, com lampadazinhas, como o professor Pardal, da Disney. Se tenho dúvida sobre qualquer coisa, vou direto perguntar para ele.

Reza a lenda que, quando era universitário, Sergio subiu no tablado da sala de aula para explicar qual era a relação da geladeira com os processos termodinâmicos. Quando perguntaram como ele sabia aquilo tudo, ele respondeu: "Quem nunca desmontou uma geladeira?". Bem, vocês já podem imaginar quanta coisa ele sabe.

Foi bom para a minha mãe e para mim passarmos as festas de fim de ano em um ambiente diferente, apesar de estarmos longe dos meus irmãos e suas famílias. Talvez tenha sido uma boa trégua para todos, já que é a primeira celebração sem meu pai conosco.

E para quem acha que fechei a boca e estou comendo menos besteira, se enganou. Mas também não engordei mais. Voltei a jogar squash e estou feliz da vida. Hoje ganhei meu primeiro jogo de competição por 3 x 0, viva!

É isso, meus dedos estão gelados. Não consigo esquentá-los, mesmo com a casa quentinha.

Que 2012 seja um ano de renovação e de crescimento para todos nós!

Beijos mil,

Lila

TRABALHO E DIGNIDADE

Por ocasião da chegada da nossa mobília, pude observar de perto o trabalho dos profissionais que colocam a mão na massa para fazerem as coisas acontecerem.

Pouca coisa foi danificada durante a longa viagem. O descarregamento foi feito com extremo cuidado. Os carregadores forraram o chão da casa com plástico e as paredes com papelão. Os homens que montaram os móveis foram extremamente cuidadosos.

Ainda que eles não esperassem, aqueci uma lasanha congelada para nós. Enquanto comíamos, nós falávamos NÃO sobre *hockey*, futebol, *baseball*, nem novela, ou Big Brother, mas sobre política: as novas medidas do governo e qual era o melhor candidato para as eleições do ano seguinte. Comparamos os aspectos culturais dos dois países no tocante ao trabalho, moradia e à origem deles, que foram generosos e compartilharam comigo seu estilo de vida.

Eles cursaram um *college* para estarem aptos a carregar móveis, montá-los, e lidar com todos os desdobramentos que essas tarefas implicam. Possuíam família, poupavam para que seus filhos pusessem cursar nível superior, caso desejassem, moravam em confortáveis *townhouses* em uma cidade próxima à nossa, frequentavam um centro comunitário, uma espécie de clube público, como viríamos a fazer em pouco tempo, e levavam uma vida não muito diferente da que viríamos a levar.

Eu tentava entender como eles podiam ter poder aquisitivo para levar uma vida tão completa e confortável com aquela atividade laborativa. O raciocínio é simples: parte-se do princípio de que todas as pessoas merecem obter de seu trabalho ganhos suficientes para que possam viver com dignidade e conforto. Portanto, tudo o que exige a aplicação maior do trabalho humano é caro.

Por exemplo: comer em um restaurante fazendo o pedido no balcão chega a custar a metade do preço de se sentar à mesa e ser servido pelo garçom. Quando você é servido, além da taxa de serviço que varia de 10 a 20% da conta, você paga parte do salário do garçom, que está embutido no preço.

DICAS DA

Gorjetas: A porcentagem das gorjetas fica a seu critério, mas o serviço, invariavelmente, é excelente e você acaba deixando perto de 20% do valor total da conta.

Nas pequenas lojas, é possível observar a economia de funcionários. A mesma pessoa que vende, também abre a loja, varre, limpa o banheiro, recebe o dinheiro, cuida do recebimento da mercadoria, do estoque e atende ao telefone. É raro ver mais de uma pessoa atrás do balcão e parece que todos compreendem a necessidade de uma loja pequena ter poucos empregados – às vezes, apenas um ou dois, pois apenas desta forma é possível pagar melhores salários. E o comprometimento com o bom atendimento é regra.

A cama tamanho *queen*, que comprei para o quarto de hóspedes, na Ikea, custou 300 dólares (equivalente a 480 reais, na época). Era um produto bastante bom, apesar do preço bacana. Se eu pedisse para entregar, teria que pagar 80 dólares a mais. A montagem encareceria em mais 150 dólares. São 77% de acréscimo no preço porque significa o emprego de mais trabalho humano. Acabei carregando-a e montando-a eu mesma. No final das contas, foi uma experiência interessante. Senti-me orgulhosa por ter feito tudo sozinha e, também, comecei a entender o por quê de haver tantas lojas do tipo "faça você mesmo" por ali.

DICAS DA

Compras: A Ikea é uma loja de móveis sueca similar à Tok & Stok, do tipo "faça você mesmo" com preços bastantes convidativos.

Eram os meus vizinhos que faziam os consertos e obras na própria casa. O meu senhorio trocou as janelas da nossa casa, pois achava que já estavam um pouco antigas e podiam estar vedando mal. Certo dia, chegou com mais uma pessoa carregando janelas pré-fabricadas e as trocou em cerca de 20 horas, ao longo de dois dias de trabalho. Depois me contou que o ajudante saiu quase o mesmo preço que todo o material usado na substituição.

Um amigo nosso construiu um banheiro no *basement* dele ao longo de três fins de semana. Não, ele não era da área da construção. Apenas comprou um banheiro do tipo "faça você mesmo", com paredes "de papelão" igualzinho ao nosso banheiro. Ficou ótimo e, segundo ele, muito mais barato do que se contratasse alguém para fazê-lo.

É importante ressaltar que há pouca oferta de trabalhadores manuais devido ao elevado grau de instrução da população e, por esse motivo, a sua prestação de serviço é cara.

Ninguém que eu tenha conhecido pessoalmente, por melhor situação econômica em que esteja, emprega para o trabalho doméstico. As pessoas que podem pagar babás para seus filhos trabalham fora e têm ótima condição financeira. São bem poucas que podem pagar uma diarista semanal. Trata-se de um luxo, pois essas trabalhadoras[16] são bem remuneradas a fim de que possam viver com dignidade. O custo da hora de trabalho era, em 2014, de 30 dólares canadenses.

Conheço uma brasileira que trabalha como faxineira. Nós nos tornamos amigas. Ela pedia que os clientes pagassem com cheque, de modo a ser capaz de comprovar para o governo que tinha trabalho remunerado e pudesse receber a cidadania canadense, o que demorou pouco mais de três anos. Ela chegava a limpar duas casas no mesmo dia.

Os melhores salários do Canadá, excetuando-se as carreiras executivas, são de advogado e médico. O salário de início de carreira no mundo corporativo pode ser o dobro do salário pago pelo mesmo cargo no Brasil. Em compensação, os salários de topo de carreira são um tanto inferiores aos pagos nas terras tupiniquins, juntamente com todas as gratificações. No Canadá, não percebemos o abismo salarial que colabora para a desigualdade social brasileira.

É claro que a pessoa que cursar universidade virá a ter um trabalho mais bem remunerado por conta do grau de dificuldade, volume de estudo e de investimento que são necessários para carreiras acadêmicas, mas, aos olhos dos canadenses, isso não faz dela uma pessoa melhor do que a que não cursou universidade.

Pudemos observar, no mundo corporativo, que as pessoas são menos ambiciosas, não estão tão preocupadas em crescer profissionalmente de forma rápida e são competentes. Elas almoçam rapidamente, de modo que possam estar de volta aos seus lares o mais cedo possível ao final do dia, afinal, há muito o que fazer em casa. Isso vale para homens e mulheres, como regra geral.

Mas as exigências da vida familiar não são o único motivo para o canadense ser um povo menos ambicioso. Como os salários de início e de

---

16 Utilizo o gênero feminino, pois as mulheres são maioria na tarefa. Porém, há homens trabalhando como faxineiros, principalmente em empresas que prestam serviço de limpeza.

topo de carreira não são tão discrepantes quanto no Brasil, uma promoção não significa aumento expressivo no salário. Além disso, a "mordida" do imposto de renda por ali é mais agressiva, e pode chegar a quase 50% do salário daqueles que ganham realmente bem. As pessoas aceitam uma promoção muito mais pelo desafio que ela representa do que pelo acréscimo no contracheque. Muitas vezes, o *stress* que vem junto com a responsabilidade não compensa o aumento salarial. Como consequência, a competitividade entre os pares é muito menor.

O povo canadense possui a característica da boa-fé em todas as suas atitudes, inclusive no mundo corporativo, e as negociações são menos tensas do que no Brasil. A título de exemplo, ali parte-se do princípio de que o preço oferecido em uma negociação é o melhor e, portanto, pressionar por melhores preços pode ser visto como uso excessivo de força.

Percebe-se neles um perfil mais conciliador e agregador e, como consequência, são mais conservadores na forma de gerenciar os negócios, evitam os riscos e demoram mais nas tomadas de decisões. O nível de *stress* nesse modelo de gestão tende a ser mais baixo e as pessoas são mais silenciosas e tranquilas no ambiente de trabalho.

Outra característica bastante interessante, que agiliza os procedimentos, é a burocracia reduzida. Há um nível de controle muito menor em todos os setores da sociedade, não só corporativamente, porque há o princípio da confiança. As pessoas sabem o que é o certo e o praticam. O nosso contrato de aluguel da casa é um bom exemplo da pouca burocracia. Tudo feito via telefone e fax, sem nenhuma ida ao cartório ou reconhecimento de firma. Ali, a palavra tem muito valor.

No Canadá, a oferta de vagas de determinadas profissões, como médicos, por exemplo, é controlada pelo governo[17] e determinada pela

---
17   LMIA – Labour Market Impact Assessment realizado pelo Employment and Social Development Canada's (ESDC) e regulado pelo setor responsável pela Imigração, o Citizenship and Immigration Canada (CIC).

demanda da população. Como já foi dito no capítulo "O planejamento", o governo canadense anuncia, externamente, a necessidade de determinados profissionais e os convida a imigrar.

Para as pessoas que se mudaram atendendo a procura de profissionais na sua área de atuação, a imigração é a esperança de maior qualidade de vida e prosperidade. Para outras, que saíram de seus países exclusivamente devido às condições políticas, econômicas ou de segurança, ela significa a busca por uma vida mais digna e justa. Muitos destes últimos podem acabar por encontrar trabalho em atividades menos nobres. Alguns têm qualificação universitária ou mais elevada, mas encontram na concorrência uma barreira para o exercício da sua profissão. Outros não possuem qualificação, se satisfazem em ter um trabalho e em poder viver em paz.

Os processos de seleção para emprego não levam em consideração o fator origem, quando o candidato já tem experiência profissional no país. Não se colocam, nos currículos, nacionalidade, sexo e idade, por exemplo. O que importa para a escolha são as realizações anteriores, o conhecimento, a qualificação, as capacidades do candidato e seu mérito na entrevista.

A maior dificuldade para o imigrante conseguir emprego ocorre quando ele não tem experiência profissional anterior no país. Esse candidato precisaria ter um evidente diferencial para ser escolhido em detrimento dos demais já experientes no local, pois o mercado de trabalho preza bastante o fator adaptação à cultura e a fluência no idioma.

Embora tenha ido para Toronto como expatriado e não tenha sofrido a pressão de passar pelo crivo do processo de seleção canadense, usarei o meu marido como exemplo para ilustrar os desafios enfrentados por um imigrante.

Ele foi escolhido dentro da própria empresa, no Brasil, por ser considerado talhado para a missão, tanto no fator competência quanto no fator adaptabilidade. Ainda assim, ele precisou experimentar o processo de adaptação a uma cultura tão diferente da dele no ambiente corporativo.

Alan foi contratado para trabalhar na área de compras da empresa, em Toronto. Ele era um *chefe* trazido do Brasil para *melhorar* as práticas comerciais regionais.

Desfazer desconfianças naturais dos colegas de trabalho e fazer o reconhecimento do terreno a fim de identificar as oportunidades de mudança e como fazê-las acontecer faz parte do escopo de quem muda de cargo. Entretanto, a grande novidade estava em entender as rotinas e comportamentos das pessoas com quem ele trabalhava, a fim de ser capaz de distinguir o que era parte da cultura local e o que não era, *enquanto produzia as mudanças*.

O Canadá é um país cujas práticas comerciais são mais conservadoras em relação ao Brasil, onde as pessoas evitam dizer "não" categoricamente e são extremamente cuidadosas com o que falam. Esses foram fatores culturais de complexidade rapidamente identificados. Foi necessário tatear com cuidado para encontrar brechas nas atitudes das pessoas de modo a trazê-las para o trabalho colaborativo sem ofendê-las em seu padrão cultural.

Neste cargo, meu marido desenvolveu uma habilidade canadense pouco utilizada no Brasil: a persuasão. Ele pedia para ouvir as necessidades e dificuldades de seus colaboradores, mostrava que as compreendia, depois explicava as mudanças que julgava necessárias, ouvia opiniões, mostrava que as considerava, acolhia as que eram compatíveis com a estratégia desejada e, por fim, pedia sugestões de como promover a transformação. Ele envolvia as pessoas de forma que elas se sentissem parte dos processos e corresponsáveis por eles. Tudo era feito de forma calma e cuidadosa, para evitar melindres culturais e conseguir tirar o melhor das pessoas.

Convenhamos, foi um enorme aprendizado para ele do ponto de vista humano, mas suponho que o exercício de ser tão cuidadoso o tempo todo deve ser exaustivo, ao menos até que ele se transforme em "modo de ser".

Além disso, há o bombardeio cerebral de estar exposto a outra língua o tempo todo. Nos primeiros meses, nada é automático e até a escolha das palavras é cautelosamente pensada. Por melhor que você fale o outro idioma, quando está inserido entre pessoas nativas, o desafio é muito maior em todas as áreas da comunicação.

Ele foi muito bem-sucedido em seu *assignment* e conseguiu implantar as novas estratégias, sem dramas, trazendo grande economia para a empresa. Alan se inseriu na cultura canadense a ponto de não precisar mais pensar nas reações adequadas, na escolha das palavras ou se ofenderia alguém com algum comportamento culturalmente diferente. Mas isso ocorreu não sem uma boa dose de tensão ao longo de meses, dado o autocontrole permanente necessário em áreas que não seriam demandadas no próprio país.

Acredito que com o meu relato seja possível entender que o risco de uma má atuação é potencializado pelas diferenças culturais e pelo do grau de *stress* a que fica submetido um imigrante. Isso não significa que não vale a pena tentar. Significa, tão somente, que é necessário estar ciente dos desafios para tentar superá-los.

DICAS DA

Dicas para a Adaptação Profissional: Aulas intensivas de inglês, estudo da cultura local, acompanhamento psicológico, participação de fóruns de discussão, busca de informações com amigos, amigos de amigos e coaching profissional são boas formas de se preparar para o desafio da adaptação profissional.

Aos que pretendem montar um negócio próprio: *recomendo o livro "Como abrir empresa no Canadá", de Cleida Steinmet Cruz, jornalista radicada em Toronto. Trata-se de um guia objetivo, de leitura fácil, que mostra o "caminho das pedras" para quem quer investir. O livro está à venda no website da Amazon Brasil.*

CRÉDITO PARA IMIGRANTES

Lembro-me do nosso primeiro sábado no Canadá, quando fomos pesquisar preços de carros e condições de compra. Passamos um dia inteiro namorando lindas minivans de sete e oito assentos. Arrastamos as crianças de loja em loja avaliando tamanho e testando cada modelo que nos interessasse. Havia uma expectativa quase infantil diante das possibilidades e jamais imaginaríamos que demoraríamos seis meses para concretizar a compra. *Seis meses!*

Nós sabíamos que comprar a crédito na América do Norte era algo que valia a pena, pois os juros são extremamente baixos para os padrões brasileiros. Como a maior parte do nosso dinheiro estava no Brasil, nós trouxemos do Rio de Janeiro inúmeras cartas de referência, na expectativa de facilitar compras a prazo, afinal, crédito é algo conquistado.

Entretanto, isso não nos ajudou em nada. Não faz diferença se você é bom pagador em seu país de origem, se nunca recebeu multas de trânsito ou é bom samaritano. Também não adianta ter cartas de referência e dinheiro no banco local. Você precisa ter histórico de bom pagador *no Canadá*, e isso, nós não tínhamos.

Após muitos malabarismos, somente conseguimos fazer o financiamento do carro tendo a empresa como fiadora.

Comprar casa é algo que fica mais caro quando se está chegando no país. O financiamento é mais oneroso e as condições, mais rígidas, para compensar os riscos (mais informações no capítulo "Moradias no Sul do Canadá").

O mesmo ocorre com o seguro pessoal para motoristas. O preço pago por um motorista experiente chega a custar um terço do valor pago por um iniciante, que pode pagar até quatro mil dólares canadenses por ano para poder dirigir. Essa é uma das razões que torna tão importante passar de primeira na prova de direção.

Conseguir cartão de crédito é tão ou mais difícil do que aprender a construir uma casa. O banco em que estava depositado o nosso dinheiro demorou seis meses para nos conceder o cartão que entendemos ter sido prometido no momento do cadastramento da conta. Como eu disse anteriormente, eles não dizem "não" de forma clara, e nós não conseguíamos entender tanta demora para recebê-lo. Achamos que só conseguimos porque eles perceberam que estávamos prestes a trocar de banco.

Sei que se conselho fosse bom a gente não dava, vendia, mas mesmo assim darei um: se nenhum banco aceitar te dar um cartão de crédito como condição para você abrir a sua conta, não insista preenchendo formulários na rede Costco e nem em outras lojas de departamento, pois você terá o crédito recusado e só piorará a sua situação. Quanto mais vezes você é recusado, maiores as chances de ser recusado novamente, pois há um cadastro para consulta e as negativas ficam registradas ali. Ouça-me: construa seu histórico antes de tentar novamente.

PARTE 5

ADAPTANDO-SE

 *E-mail #10*

De: Lila Kuhlmann
Enviado: Quinta-feira, 10 de fevereiro de 2012 11:42
Assunto: Notícias 10

Queridos,

Daqui a uma semana somarão seis meses que saímos do Brasil. Parece que foi ontem e, ao mesmo tempo, está tão distante. Minha mãe andou movimentando as coisas por aqui neste inverno-nem-tão-inverno-assim e deu para compensar um pouquinho a falta que sinto de todos. Foi ótimo enquanto durou.

Agora que ela voltou para vocês, a casa está estranhamente vazia. Às vezes, nos sentamos à mesa e paira um silêncio tão esquisito que a gente se entreolha e começa a rir para aquecer. Acho que todo mundo pensa a mesma coisa: Como a vovó é animada!!! A casa era bem mais alegre com ela aqui. Eu já sinto saudade e mal posso esperar por maio, quando ela virá com a minha irmã novamente.

O boletim da Alice chegou e as notas foram tão impecáveis, os elogios tão impressionantes, que sinto vontade de abraçá-la o tempo todo. Se eu havia dito que o Erik desabrochou como pessoa, Alice desabrochou como estudante. Tão centrada e responsável, teve as melhores notas nas matérias que cursou. Ela se esforçou muito para isso. O boletim do Erik chegará no final do mês, mas já sei que ele se saiu muito bem também.

Lucas vem se adaptando bem à escola. Sempre fala nos amiguinhos e me pediu para convidá-los para a nossa casa. Na classe dele há 23 crianças e apenas seis são filhos de canadenses. Isso significa que quase todas as crianças falam outro idioma, e alguns deles ainda estão aprendendo a se comunicar em inglês.

As crianças estão em níveis diferentes de alfabetização, mas a professora explicou que é questão de tempo até se nivelarem. Enquanto isso não acontece, vou dando uma forcinha ao meu filhote com joguinhos com letras e historinhas. Imagino o quão difícil deve ser ter que aprender uma outra língua e, ao mesmo tempo, aprender a ler e escrever. Parece-me um desafio e tanto e entendo quando, às vezes, ele age de forma irritadiça. Mas tenho certeza de que Lucas superará logo essa fase, pois já se comunica bastante bem com as outras crianças e até me ensina algumas coisas em inglês.

Todos eles já têm amigos. Alice faz um quarteto com uma brasileira, uma indiana e uma coreana.

Garotas adoráveis e com o mesmo objetivo: conseguir uma bolsa de estudos em uma boa universidade. Erik sempre traz os amigos aqui para casa. Às vezes, eles ficam para dormir. Os garotos parecem ser muito tranquilos, mas o Erik diz que, na escola, eles são muito engraçados e barulhentos. Lucas se dá muito bem com os meninos vizinhos e, sempre que pode, brinca na rua com eles.

Alan está muito bem, mas parece ainda não se sentir "em casa" no Canadá. Acho que esses primeiros meses foram tão estressantes, que apenas agora ele está podendo relaxar. Começou a fazer esporte, está comendo de forma mais saudável e já emagreceu uns 7 kg. O trabalho está entrando nos eixos, nossas obrigações com o país estão em dia e só falta conseguirmos comprar o carro, que ainda estamos alugando. Longa história.

Eu estou bem. Comecei o trabalho voluntário na escola do Lucas e isso tem sido ótimo para mim. Tenho conhecido novas pessoas, conversado e estou mais tranquila. Meu inglês está melhorando a olhos vistos. Temos assistido a filmes com legenda em inglês, mas quase não preciso ler quando não falam muito rápido. Na vida real, quando o assunto é muito específico, ainda me enrolo (indo ao médico, por exemplo).

Às vezes, ainda me desculpo com alguém por não me expressar tão bem em inglês quanto os canadenses, e a pessoa me pergunta há quanto tempo eu vivo aqui. Aí penso: "que vergonha... estou aqui há quase seis meses e ainda faço confusão com as preposições...". Mas, então ela me diz que eu falo inglês bastante bem para tão pouco tempo e eu fico feliz. Na verdade, são poucas as vezes que tenho dificuldade, mas sei que meu sotaque é acentuado e o Erik, a meu pedido, corrige a minha pronúncia o tempo inteiro, apesar de as pessoas me entenderem.

Alice e Erik começaram a jogar squash. E não é que eles estão gostando? Além das aulas que eles tomam, jogamos juntos ao menos duas vezes por semana. É muito bom vê-los tão animados.

Também providenciamos patins e temos ido patinar no gelo. Lucas parece um alucinado. Corre o tempo todo – e também cai o tempo todo, se choca contra as paredes para poder parar e é muito engraçado! Ele aposta corrida com Erik, e esse sim, é um perigo! Caía muito no início. Mas após algum tempo de persistência, conseguiu patinar.

E por falar em lugar frio, o inverno foi bacana conosco. Por raríssimas vezes a temperatura caiu dos -5ºC. Tivemos apenas um dia de neve forte e que, por falta de sorte, tive que ir a uma reunião na escola do Erik. Quando saí, não dava para saber qual era o meu carro. Todos eram brancos! Precisei usar o alarme luminoso para descobri-lo. Santas luzinhas!

Temos previsão de neve para os próximos dias, mas tudo na base dos cinco centímetros. O suficiente para o Lucas se divertir e não termos trabalho. Assim que o chão começa a ficar branquinho, ele vai lá para fora com a pá e fica fazendo castelinhos, deita no chão, rola, uma graça. Às vezes, a neve entra nas roupas e ele fica todo molhado e gelado. Mesmo assim, continua brincando até eu brigar para que ele entre no banho morno.

Nossa vida social está bastante incrementada. Já demos duas festinhas aqui em casa, com canadenses e brasileiros: uma pelo aniversário do Alan e outra pelo da Alice. É esquisito dar festa para pessoas que não falam os dois idiomas. Fiquei um pouco estressada com isso, mas no final, acho que todo mundo gostou. Os brigadeiros e beijinhos de coco são sucesso total e me salvam de qualquer coisa que eu faça errado. Já fomos convidados para diversos eventos na casa de vizinhos e estamos nos sentindo muito bem-vindos.

Já contei para vocês que aqui podemos dar festa mesmo sem espaço na geladeira? Isso porque faz tanto frio, que todo mundo coloca as bebidas para gelar nas varandas. Há apenas que se ter cuidado para enterrar bem as garrafas e latas na neve. Se deixarmos ao tempo, dependendo da temperatura externa, as bebidas podem congelar. Infelizmente, não podemos armazenar comida no *deck* porque os esquilos e guaxinins vêm roubá-la.

Ohhh, quase ia me esquecendo. Comecei a trabalhar como voluntária na classe do Lucas!

ERRAR É HUMANO

A seguir, alguns enganos que cometemos ao falar português, para sua diversão:

– Minha marca é de 98% e isso é impressivo (*My mark is 98% and this is impressive*. Confundiu "nota" com "marca" e "impressionante" com "impressivo").

– Eu estava shootando ele (*I was shooting him*. Queria dizer que "estava atirando nele", mas aportuguesou a palavra "*shooting*").

– O homem estava fishinhando (*He was fishing*. Queria dizer que "o homem estava pescando", mas aportuguesou a palavra "*fishing*").

– Eu tinha fazido (erro na conjugação verbal. Queria dizer eu tinha feito).

– A Janna ainda está travalando? (*Is Janna still travelling*? Queria perguntar se "Janna ainda estava viajando", mas aportuguesou a palavra "*traveling*").

É isso! Mandem notícias pessoais, com fotos, se possível. Gostaria de saber se vocês estão bem.

Sinto muita saudade da minha família e dos meus amigos.

Um beijo enorme e cheio de carinho,

Ufa!!!!

Lila

ENFIM, A ROTINA

Apesar do que eu escrevi em meu e-mail, fiquei um tanto decepcionada com a quantidade de neve que caiu em meu primeiro inverno. Já que eu estava lá, queria ver tudo branquinho, permanentemente, mas a dita teimava em derreter e os jardins queimados pelo frio ficavam à mostra, enfeando a paisagem. Eu sabia que se o volume de neve aumentasse, teria que limpar a calçada, mas já havia preparado a minha cabeça para isso e a decepção foi inevitável.

Minha mãe voltou para o Brasil no final de janeiro e logo tivemos que retornar ao nosso recém conquistado dia-a-dia. Casa, trabalho, squash, escola.

Conforme uma agradável rotina se instalou em nossa casa, pude ser mãe com um empenho que jamais havia tido antes, quando ainda trabalhava e estudava. Agora eu auxiliava nas tarefas de casa do Lucas, brincava com ele, batia longos papos com os meus filhos me certificando de que tudo corria bem, programava passeios, buscava receitas que pudessem agradá-los e os transportava para a escola. Tudo com calma, sem pressa e de forma muito mais prazerosa. Pela primeira vez na vida, eu vivia exclusivamente para a minha família e, por enquanto, aquilo me satisfazia.

Meu caçula havia adquirido relativa fluência no inglês a ponto de misturar os dois idiomas ao falar português, brincava em harmonia com as crianças da escola e com os amigos da vizinhança, porém não gostava nada de estudar comigo. Eu nunca havia passado tanto tempo por dia com Lucas e estava encantada em poder observá-lo em seu dia-a-dia na escola e acompanhar a sua evolução.

Alice havia se revelado uma jovem motivada e se dedicava a cada projeto escolar como se fosse um trabalho de conclusão de curso. Suas notas figuravam entre as melhores de cada matéria que cursava, inclusive, em Inglês. Ela adorava a metodologia de ensino e a forma como era tratada pelos professores, fatores que a faziam querer se superar a cada prova.

Erik também se saiu bastante bem. Tirava ótimas notas e recebeu o diploma *Honors Society* por ter obtido mais de 80% de rendimento em todas as disciplinas, em todos os semestres que cursou. Porém, o que mais me deixou feliz, no caso dele, foi ver o quão rápido ele fez amizades. Meu filho sempre foi um garoto introvertido e muito seletivo. Era uma alegria atender à porta e ver um grupo de adolescentes montados em bicicletas chamando-o para sair. Os *sleep-overs* se tornaram frequentes. Às vezes, eles armavam acampamento no nosso *basement*, às vezes no de algum outro amigo. Ele estava feliz como poucas vezes.

	INGLÊS	PORTUGUÊS
	Sleep-overs	Designação para "dormir na casa de um amigo."

O DIA-A-DIA DA POPULAÇÃO

Pessoas que vivem em sociedade possuem comportamentos e hábitos semelhantes. No Canadá isso não é diferente.

O café da manhã do canadense é composto por leite, panquecas, *waffles*, geleias e algumas frutas, mas as pessoas não costumam comer muito e essa é uma refeição bastante rápida. Elas têm por hábito levar saladas frias com frango e outros alimentos leves para almoçarem no trabalho. As crianças levam dois lanches para a escola: um composto de frutas e suco, e o outro, um pouco mais denso, como um sanduiche saudável e legumes cozidos, ou salada fria com frango, ou, ainda, yakisoba. A principal refeição do canadense é o jantar, entre 17h e 18h, quando a família está reunida e pode interagir.

A qualidade da alimentação é cuidadosamente vigiada e o índice de obesidade é bastante baixo para os padrões da América do Norte. O *fast food* não é a primeira opção das famílias e quase não se vê McDonalds por ali. O Burger King e Lick's são as opções mais populares, mas pouco frequentadas.

O lazer costuma acontecer em casa ou ao ar livre. Os shopping centers não possuem espaços para as crianças brincarem enquanto seus pais fazem compras.

É comum as famílias se associarem a uma atividade, pagando cerca de duas entradas e meia por pessoa, por ano, para que se possa usufruir do local pelo ano inteiro. Exemplos disso são o Ontario Science Center, o Zoo de Toronto, Museus e o Canada's Wonderland, cujas entradas únicas são bastantes salgadas. Entretanto, dificilmente alguém costuma ir a esses lugares mais do que três vezes por ano. As pessoas acabam mesmo indo a parques públicos para brincar e fazer churrasco quando o tempo permite e, no inverno, aproveitam os rinques de patinação espalhados pelas cidades e atividades relacionadas à neve.

Os centros comunitários são outra opção de lazer. Devido a estarmos acostumados ao modelo brasileiro, nós estranhamos que as atividades livres, como o uso da piscina, por exemplo, tivessem horário fixo e que seu tempo de duração fosse reduzido. Em compensação, uma vez estando cadastrados, poderíamos frequentar atividades em quaisquer unidades da cidade, em vez de ficarmos presos ao local em que nos matriculamos. Isso abre um grande leque de opções de lazer.

Cada atividade tem um preço que, isoladamente, não parece caro. Mas quando somamos a despesa com esportes de uma família composta por cinco pessoas, esse valor pode passar de 300 dólares mensais, dependendo do número de atividades escolhidas. Lucas praticava natação ao preço de 65 dólares a cada dois meses, mas eram apenas trinta minutos de aula por semana. A maior parte das atividades custa mais caro.

Devido às estações do ano serem invertidas em relação ao Brasil, o ano letivo também é. As férias de verão ocorrem nos meses de julho, agosto e se estendem pela primeira semana de setembro. Há, ainda, um intervalo de duas semanas da véspera do Natal até a primeira semana de janeiro, e outra semana em março, chamada *March Break*, geralmente a segunda do mês.

Nós viajamos bastante, pois queríamos aproveitar o máximo que pudéssemos a nossa estada na América do Norte, mas éramos exceção.

A atividade preferida do canadense, no verão, é o *camping*. O país tem lugares deslumbrantes e seguros para se acampar. Eles apreciam estar em comunhão com a natureza, mas também se trata de uma atividade bem mais barata do que se hospedar em hotéis.

Almoçar e jantar em restaurantes é algo bastante caro nas grandes cidades canadenses. Na época em que esse capítulo foi escrito, um almoço simples para nós cinco custava entre 200 e 250 dólares. O cinema também não era nada barato. As sessões mais em conta custavam 18 dólares por pessoa e não havia meia entrada. O combo mais simples, de pipoca com refrigerante, saía por 25 dólares. Os shows e musicais custavam, em média, 80 dólares por cabeça, um luxo para poucas ocasiões. Uma cerveja em qualquer *pub* não custava menos de 8 dólares. Entretanto, não podíamos reclamar do preço para assistir aos jogos esportivos nos estádios, entre 15 e 30 dólares por pessoa, fora das finais.

Exceto pelas viagens, nós procurávamos nos divertir em casa, nos parques ou no centro comunitário, pois considerávamos os preços um tanto salgados, sendo que tínhamos bastante lazer em casa, acesso a bons filmes e a comida de qualidade. Isso é o que a maioria das pessoas faz por ali.

Na região de Oakville e arredores, as famílias são bastante numerosas. Não é incomum ver um casal com três crianças. Eu mesma conheço diversos com três ou quatro filhos.

Nas famílias, o homem é tão ativo quanto a mulher na criação da prole e na rotina da casa, que consome boa parte das noites e finais de semana. A discriminação por gênero é muito mal vista e todos partilham as mesmas tarefas.

A privacidade é algo muito valioso para o canadense. Ninguém faz perguntas pessoais ou comentários sobre a vida alheia. No meu círculo social, nunca presenciei fofocas e, o máximo que vi acontecer, foi alguém comentar sobre como a obra de um vizinho estava ficando boa.

Eles são extremamente discretos, sempre falam baixo, se constrangem com demonstrações públicas de emoção e evitam emitir opinião sobre questões pessoais, exceto quando são questionados. Ainda assim, são extremamente cuidadosos com o modo com que a comunicação é feita, de forma a não restarem sentimentos feridos.

Esse comportamento soava como o paraíso, para mim, inicialmente. Após certo tempo, todavia, senti-me só por muitas vezes. Sou brasileira, gosto de dividir meus pensamentos e de ouvir ponderações de quem sei que me preza. Eu não me sentia na liberdade de ser íntima das pessoas que me cercavam, pois temia ser desagradável. Além disso, gosto de ouvir os meus amigos, de ter a oportunidade de celebrar seus sucessos e de apoiá-los nos momentos de dificuldade. Não poder participar das emoções alheias fazia com que eu me sentisse um tanto solitária.

ESCUTA ESSA!
– Na escola onde fui voluntária, quando as crianças se sentiam magoadas, se queixavam comigo ou com a professora e, frequentemente, diziam que seu colega havia "ferido os seus sentimentos" (hurt feelings). Presenciei diversas conversas entre pais e filhos em que essa expressão foi pronunciada, o que demonstra a importância que a escolha das palavras tem na comunicação.

No Canadá, a troca de afeto é algo que quase não se vê em público. Nas poucas vezes que vimos, ocorria entre imigrantes. As professoras são orientadas a não pegar as crianças no colo ou abraçá-las como medida de prevenção de constrangimentos. Na saída das escolas, também quase não se vê abraços entre pais e filhos. Esse é um aspecto cultural ao qual não aderi com relação aos meus filhos, pois não fazia sentido mudar os nossos hábitos afetuosos, enquanto eles não agredissem às pessoas ao redor. Entretanto, segui à risca quando se tratava dos não brasileiros.

Os canadenses são extremamente comprometidos com a família. Os pais vivem toda a infância e adolescência dos filhos em função deles, ensinando-os, educando-os, brincando e levando-os às muitas atividades extracurriculares, que são algo "obrigatório".

Todas as crianças praticam pelo menos um esporte e, a partir dos sete anos, tocam algum instrumento musical. Algumas ainda são matriculadas em atividades artísticas ou intelectuais em escolas especializadas ou nos centros comunitários. Durante o período letivo, é raro uma família viajar, pois essas atividades correm em paralelo com a escola e a maioria das crianças também as frequenta nos finais de semana.

Os pais e mães que não trabalham fora invariavelmente se envolvem em alguma atividade voluntária. Eu, por exemplo, fui voluntária em três classes na escola do Lucas. Mas há quem entre para o conselho de pais, na própria escola, ou trabalhe no Exército da Salvação, ou, ainda, nos *newcomers centers*, dentre diversas outras opções.

Quando o jovem termina a *high school*, é esperado que ele saia de casa. Em geral, ele vai cursar um *college* ou uma universidade e se muda para o alojamento local. Alguns pais anseiam por esse momento para que possam viver um pouco mais as suas próprias vidas, que ficaram em segundo plano durante tantos anos.

De modo geral, as famílias canadenses conduzem as suas vidas e orientam as suas crianças em prol de uma sociedade mais justa e melhor para todos.

 E-mail #11

De: Lila Kuhlmann
Enviado: Sexta-feira, 06 de abril de 2012 14:16
Assunto: Notícias 11

Oi, pessoas queridas, que saudade de vocês!

Nós estamos todos bem. Passamos por um período obscuro, mas a luz no fim do túnel já apareceu e estamos saindo do outro lado aos pouquinhos. Saudade é uma coisa que, quando bate muito forte, pode doer bastante.

Manter a motivação quando se está longe de todas as suas referências, quando a sua vida mudou tanto, é uma verdadeira arte. Assistir ao campeonato carioca, ouvir música brasileira e ter contato com o nosso idioma de vez em quando é algo inimaginavelmente poderoso. Era isso que vinha me dando fôlego quando rolava um desânimo ou uma insegurança... até o Alan torcer o tornozelo e, duas semanas depois, eu torcer o meu também. Aí foi demais, né?

Quatro semanas atrás eu estava no maior pique. Correndo todos os dias, malhando, jogando squash, trabalhando como voluntária na escola e terminando a compra dos últimos e poucos móveis que foram danificados, cuidando da minha família e da casa. Certo dia, eu estava pulando na academia, quando dobrei o pé e "crec"! Isso mesmo. O som foi tão alto, que quem estava ao redor veio ver o que houve. *Tá* bom, exagerei. Eles vieram ver por causa do barulho do tombo que levei.

Me enfurnei por dois dias no meu sofá, cheia de pena de mim mesma, pois a segunda melhor parte do meu dia foi "pro brejo". Deixar de me exercitar e trabalhar por quatro semanas foi péssimo. Senti-me mais só do que nunca, fiquei de mau humor, foi bem esquisito.

Para completar, Lucas teve bronquite. Pronto! O circo estava armado. Ficamos eu e ele dentro de casa por mais de uma semana, ambos de mau humor, cada um com seu motivo. O meu melhor, naquele momento, não era o suficiente para o meu filho e o clima da casa se tornou sombrio. Contagiamos a todos. Alan, então, nos reuniu, conversou sobre a necessidade de mantermos o bom clima da família, blá, blá blá... e nos ajudou a voltar a pensar positivo.

E é por isso que eu comecei o meu e-mail falando de como temos que nos esforçar para nos mantermos motivados quando estamos longe de nossos referenciais. É fundamental não sermos egoístas. É necessário pensar que cada parte afeta o todo. E é nesse momento que percebo o quanto o meu equilíbrio ainda está instável, que ainda estou me adaptando. É necessário que estejamos todos energizados positivamente e olhando para um lugar comum.

Para isso, o melhor é sair de casa e ver como a cidade está ficando bonita com o fim das temperaturas negativas. A primavera chegou mais cedo e as árvores estão cheias de brotos de flores, os jardins estão verdinhos e há cores por todos os lados.

A esquina da rua principal do meu bairro está toda coberta por florezinhas amarelas chamadas Dente-de-leão. Não é só a esquina, são quilômetros de verde e amarelo. Uma lindeza. Cheguei a considerar a hipótese de pegar uma muda e plantar no meu quintal em homenagem ao meu país.

Quando contei isso para os meus vizinhos, eles caíram na gargalhada. Disseram que essas lindas flores são uma praga por aqui e destroem o jardim. Além disso, antes de caírem, se transformam em um pó alérgeno. A prefeitura corta tudo para que não amadureçam. Salva pelos vizinhos! Mas ainda assim, a paisagem está linda.

Com a chegada da primavera, animais saíram de suas tocas e já os vemos passeando pelas ruas e pelo nosso quintal novamente. Há esquilos, lebres, coelhinhos e guaxinins, além de inúmeros pássaros diferentes. Infelizmente, quase todos os dias vemos um animalzinho atropelado nas ruas ao redor. Cheguei a temer pela Páscoa, tal o número de coelhinhos fofinhos que víamos esmagados pelos carros (sério, dá dó de ver). Mas Deus é pai e passamos uma Páscoa muito bacana.

Bea, minha vizinha muito querida, organizou uma caça aos ovinhos de chocolate na Sexta-feira Santa e alugou um pula-pula enorme, que ocupava todo o imenso jardim na frente da casa dela. Cada vizinho levou algo para o almoço e as crianças se divertiram procurando os ovinhos que foram escondidos nos jardins.

Lucas foi considerado fluente em inglês pela escola, e agora está começando a aprender a ler. Como o som das letras em inglês não é igual ao da pronúncia na palavra, a alfabetização aqui é bem diferente da do Brasil e estamos aprendendo juntos, cada qual na sua área de interesse.

Semana passada passamos por uma situação inusitada com ele: eu costumo cantar os nossos hinos antes de dormir ou no trajeto casa-escola-casa. De vez em quando, eu fazia isso no Brasil, mas aqui no Canadá faço com mais frequência, para que eles não percam contato com as origens. Então eu disse: "Vamos cantar o nosso Hino Nacional?" E ele começou a cantar: "*Oh Canadá, our home and native land! ...*", o hino do Canadá. Corrigido o engano, ontem o convidei para cantar o nosso hino e ele cantou o certo. Que bom!

Alice anda estressada com um trabalho de *Civics*, similar ao nosso antigo Estudos Sociais. O grupo dela teve que escolher uma instituição de caridade e fazer um texto explicando porque essa organização merece ganhar 5.000 dólares canadenses de uma entidade particular, a patrocinadora desse programa estudantil. O grupo dela escolheu o *Salvation Army*, o Exército da Salvação. Esse trabalho vale 30% da nota e o melhor de todos terá angariado para a instituição essa soma em dinheiro. A apresentação será amanhã. Tenho certeza de que eles se sairão bem.

Erik é a paz de sempre. Responsável, divertido, vive trazendo os amigos aqui *pra* casa. Eles ficam jogando totó, ping-pong e videogame no nosso *basement* e aquilo fica uma bagunça. Depois, forram o chão de colchões e dormem. Meu filho está feliz. Sinto falta das histórias que ele contava de forma tão divertida e interessante nos primeiros meses, mas acho que não há mais novidades. Ele também tem se saído bastante bem nos estudos.

Alan tem sido a minha fortaleza no último mês. A melhor parte do dia, para mim, é ir buscá-lo na estação do trem. Ele sempre vem caminhando na direção do carro com um sorriso nos lábios e nos olhos e, antes de me dar um beijo, fala: "oi, princesa..."[18]. E eu me sinto uma princesa para ele...

Depois vamos jantar, a família toda junta, contando as histórias do dia, arrumamos todos juntos a cozinha e assistimos a um capítulo de uma série qualquer. Você só percebe o quanto o círculo familiar é importante quando descobre que é ele que te move em direção a ser uma pessoa melhor.

---

18 Apelido carinhoso pelo qual ele me chama desde que nos conhecemos.

ERRAR É HUMANO

Mais algumas pérolas do "portuglês":

– A faca estava desafiada... ou seria desafinada? (cega, sem fio!).

– Eu não realizei que você falou comigo. (*I didn't realize you have spoken with me*. Misturou os idiomas trocando a palavra "percebi" por "*realize*").

– Ele precisou ser rescuado (*He needed to be rescued*. Aportuguesou a palavra *rescued* quando queria dizer "ele precisou ser resgatado").

– O arroto fica atordoando o peito dele (não sei o que significa e nem de onde vem, desculpe).

– Eu fiz ruim no jogo hoje (tradução literal de *I did bad...*, quando deveria ter dito "eu fui mal...").

– O Brasil não fez muito bem hoje em Londres (tradução literal de *Brazil didn't go very well*, quando deveria ter dito "O Brasil não foi muito bem...")

– Diálogo:

* Mamãe, me dá um "bandeitch"?

** Eu entreguei a ele um *band-aid*.

* Não... eu quero aquele negócio onde se põe o prato em cima para comer sem sujar o tapete". (Ele queria uma bandeja, mas o sotaque não me permitiu compreender). Muito lindinho!

Morro de saudade de vocês!

Sempre,

Lila

SOLIDARIEDADE E INCLUSÃO

Desde que chegamos, pude observar que a região onde morávamos tinha muitos idosos e pessoas portadoras de necessidades especiais. A acessibilidade é total nos estabelecimentos comerciais e escolas. Ônibus especiais circulam pegando e deixando cadeirantes.

A inclusão não para na acessibilidade. Ela se estende, também, ao lazer. Nos centros comunitários, há atividades culturais e físicas destinadas a pessoas portadoras de necessidades especiais e às da terceira idade.

Também impressiona como a população idosa é ativa. Em quase toda grande loja há atendentes na terceira idade – e são muito eficientes. Também são controladores de trânsito nos perímetros escolares, trabalham nas bibliotecas e nos centros comunitários. O horário de trabalho é flexível e reduzido para os que necessitam. Há a compreensão de que a utilidade traz satisfação pessoal e autoestima, e o contato com outras pessoas evita o isolamento natural que a aposentadoria traz.

Mas segundo a explicação da assistente social que me atendeu no *Newcomers Center*, o centro de recepção para imigrantes, a inclusão social de deficientes e idosos não se deve tão somente ao respeito aos direitos humanos e à dignidade, mas também à necessidade de desonerar o governo, agindo na prevenção de doenças e dando melhores condições a essas pessoas de se auto sustentarem.

O Estado, por sua vez, faz a sua parte e possui alguns programas de auxílio financeiro destinado às famílias de baixa renda e que possuem crianças. São alguns deles:

Canada Child Tax Benefit (CCTB), que é um pagamento mensal não-tributável para auxiliar nos gastos com filhos menores de 18 anos e varia de acordo com a quantidade de filhos e a renda familiar. Dentro deste programa, há ainda dois outros: o *National Child Benefit Supplement* e o *Child Disability Benefit*, destinados, respectivamente, a crianças carentes e a crianças portadoras de necessidades especiais. (Ver em sites recomendados)

Há, também, o *Universal Child Care Benefit* (UCCB) que é um valor mensal conferido a cada filho menor de seis anos, independentemente da renda familiar. Esse valor é destinado a ajudar no pagamento de creche e é considerado como renda tributável no Imposto de Renda. (Ver em sites recomendados)

Há, ainda, o GST/HST Credit, uma espécie de "reembolso" do imposto cobrado sobre produtos e serviços. Trata-se de um crédito que ocorre a cada três meses, em janeiro, abril, julho e outubro, e o valor depende da renda familiar e outros fatores, como estado civil e quantidade de filhos menores de idade. (Ver em sites recomendados)

Toronto possui, ainda, um programa próprio de auxílio às famílias com crianças matriculadas em creches licenciadas chamado CCTB.

Na Grande Toronto, todas as cidades possuem dois ou três centros comunitários modernos e bem estruturados onde se pode praticar as mais diversas atividades, sejam físicas, artísticas ou intelectuais. Eu me matriculei na natação, squash e musculação. Mas há disponíveis, também, curso de origami, clube de leitura, dança, teatro, música, *badminton*, voleibol, basquete, futebol, patinação no gelo, *hockey* etc.

DICAS DA

Centro comunitário:
Para descobrir quais são os centros comunitários em uma cidade, digite no Google "community center" + nome da cidade desejada + província onde a cidade está localizada. No website é possível encontrar as atividades oferecidas em cada centro.

A parte que considero mais bacana dos *community centers* é a não distinção entre as pessoas. O lixeiro e o executivo fazem exercício lado-a-lado. Todos têm acesso ao esporte e ao lazer igualmente porque todos são importantes igualmente.

Há uma enorme consciência no sentido da responsabilidade social de cada cidadão e ela se estende às escolas. Apesar de ser responsabilidade do Estado, cada escola tem uma espécie de conselho de pais chamado *Parents Advisory Council* que, dentre outras atividades, é responsável por angariar fundos para ser reinvestido na própria escola ou para proporcionar passeios e dias festivos para os alunos.

Alguns exemplos de eventos de arrecadação são: o dia da pizza, na escola; venda de roupa de cama e banho; venda de livros através de revistas; e festas como o *Winter Festival* e o *Carnival*.

O dia da pizza contraria a determinação da alimentação saudável, mas como ocorre apenas uma vez por mês para os jovens, e uma vez a cada dois meses para as crianças, todos o vemos como inofensivo à saúde e uma boa fonte de fundos.

Nesse dia, na hora do lanche, voluntários distribuem nas salas de aula, na hora do intervalo, as pizzas encomendadas e previamente pagas por cada aluno. Parecia até mágica o que fazíamos para conseguir chegar com as pizzas quentinhas nas salas de aula, tendo antes que separar os sabores por classe.

Periodicamente, as crianças levam para suas casas revistas fornecidas pela comissão que angaria fundos. Nessas revistas são vendidos livros e produtos que a família pode comprar e oferecer para os amigos. Pais e filhos se engajam em todo tipo de arrecadação, de forma a obter mais dinheiro para a escola. Isso toma algum tempo, mas é gratificante poder ajudar.

O *Winter Festival* e o *Carnival* são festas com barraquinhas de jogos e comidas, similares à festa junina brasileira, e é onde se arrecadam mais recursos financeiros. O *Carnival* ocorre no mesmo período do carnaval no Brasil, mas não tem relação com fantasias, e sim, com brincadeiras.

O dia da panqueca e a formatura são bons exemplos de eventos em que o dinheiro arrecadado se reverte para as próprias crianças.

O *pancake day* funciona da seguinte maneira: E-mails são distribuídos solicitando voluntários para trabalhar no evento. Os organizadores fazem a distribuição de tarefas: comprar os ingredientes com o dinheiro previamente arrecadado, fazer as panquecas no dia da festa, transportar as panquecas para a escola e servi-las, bem como servir o suco e o Maple Syrup.

No dia do evento, essas atividades acontecem todas em perfeito sincronismo. As panquecas precisam chegar quentinhas na escola para serem devoradas pelas boquinhas vorazes. As crianças esperam ansiosamente por esse dia. Vê-las tão felizes é enternecedor e ouvir os agradecimentos nos faz ter a certeza de que seremos voluntários no ano seguinte novamente.

DICAS DA

Maple Syrup: *Experimente comer panqueca e waffle com Maple Syrup. Trata-se de um xarope da Maple, árvore símbolo do Canadá, cuja folha é representada na bandeira nacional. Esse xarope tem a aparência do mel de abelha e do Karo, porém é mais fluido e suave. Nós adoramos. Ele pode ser encontrado nas prateleiras dos supermercados brasileiros.*

A formatura do ensino fundamental é financiada com os recursos dos eventos do conselho e também por iniciativas dos próprios estudantes, como venda de rifas. São bem mais simples do que as organizadas pelos alunos do Brasil, mas tem direito a quitutes, chás, sucos, café e um baile, esse último, apenas para os alunos, na própria escola. Todos comparecem em trajes formais e os rapazes usam terno e gravata.

Com o dinheiro arrecadado são organizados, ainda, passeios para fazendas, museus e exposições. Esses recursos também são investidos na compra de novos livros para a biblioteca, equipamentos para a escola, equipamentos de playground e modernização das salas de aula. Tudo voltado para o aprendizado.

O povo canadense é muito preocupado com o próximo. Em algumas esquinas, há grandes depósitos onde são bem-vindas doações. A pessoa coloca o que deseja doar dentro de um saco e o deposita na caçamba. Não há ninguém para fiscalizar. O local fica abarrotado de doações.

Em todo lugar que se entra, perguntam se você deseja doar um dólar para a campanha do câncer, ou do agasalho, ou dos sem teto, da Somália, dos sem arroz... tem campanha para tudo, o tempo todo. Não precisa ter catástrofe. E as pessoas doam mesmo! Elas estão sempre engajadas em algo comunitário, é impressionante. Parece que cada um tenta fazer a sua parte, na medida do possível, sem alarde, no sentido de diminuir a desigualdade.

E quando eu digo canadense, falo das pessoas que vivem ali, não somente os nascidos no Canadá. Como eu já disse, anteriormente, apesar de haver uma preservação cultural importante e respeito mútuo entre pessoas de origens diferentes, na convivência há uma relativa uniformização dos comportamentos sociais e a solidariedade é um princípio seguido por todos.

Esse desprendimento e cuidado com o próximo se refletem na simplicidade com que as pessoas se vestem. É possível ver de tudo e ninguém se espanta com nada. Tem jovem que, devido ao frio, vai para a escola com a calça de pijama por debaixo da saia e só a tira quando chega; tem gente que sai com roupa social, meias e chinelões; já vi gente de pantufa no restaurante; conheci até um homem muito simpático com a calça suja e rasgada, dono de um *Porsche*. Ninguém é avaliado pela roupa que veste. Na época do *Halloween* é comum ver gente fantasiada nas escolas, nas ruas e lojas. No Natal, veem-se pessoas com gorros vermelhos caminhando pelas ruas. Esse comportamento traz leveza aos ambientes e torna a vida bem mais divertida. O canadense e seus agregados têm um senso de humor doce.

Viver no Canadá ensinou a mim e à minha família que somos todos responsáveis pelo próximo. Cuidar de buscar a igualdade significa zelar pela sociedade. Solidariedade é bom para quem recebe e para quem doa, não só em termos de benefício material, mas também emocional.

A heterogeneidade desse povo faz com que essa nação não tenha uma "cara" e nem uma comida típica. A aceitação das culturas imigrantes trouxe algo bem maior do que isso: solidariedade e inclusão, que são, na minha opinião, símbolos maiores do Canadá, bem mais importantes do que qualquer outro que eu já tenha experimentado ou ouvido falar.

ESCUTA ESSA!
– Há um movimento para fazer com que a poutine, uma espécie de batata frita com queijo derretido e molho, seja considerada um prato típico do país. Deliciosa!

ESCOLAS EM ONTÁRIO

Você se lembra que eu disse adorar os relatos que o Erik fazia sobre o que acontecia na escola? Além de divertidos, me davam uma boa amostragem do quão diferente era a rotina dos meus filhos em relação à do Brasil. Antes de falar sobre as escolas e sobre o ensino, vou te contar alguns desses "casos" para que você consiga ver esse mundo tão diferente com os nossos olhos.

Lembro-me que no primeiro dia de aula, meu filho nos contou que na escola há alto-falantes em tudo o que é canto. Pela manhã, dois alunos se revezaram fazendo anúncios que ele pouco compreendeu. Nos dias seguintes, ele começou a entender que aquilo era uma rotina: os mini locutores desejavam bom dia, parabenizavam os aniversariantes, comentavam algum jogo que os estudantes tivessem participado, e recitavam o lema da escola: *"Be kind, be honest, do your best"*, ou seja, "seja gentil, seja honesto, faça o seu melhor".

Logo após esses anúncios, era tocado o Hino Nacional. Nessa hora, todo mundo parava onde quer que estivesse. Se alguém chegasse atrasado ou estivesse mexendo no armário, tinha de parar e adotar a posição de sentido. Só depois que o hino acabasse, poderia continuar o que estava fazendo. E sim, todo mundo obedecia. Erik rezava para nunca chegar atrasado e ser flagrado que nem estátua no meio do nada.

Esses mesmos alto-falantes faziam a comunicação entre uma sala de aula específica e a secretaria. Rápido, simples e todos daquela sala ouviam a conversa.

Ainda na primeira semana de aula, Erik ouviu uma sirene e foi instruído por um aluno a deixar seus pertences em sala de aula e seguir os demais estudantes. Todos caminhavam em silêncio, calmamente, a voz no alto-falante indicando os caminhos alternativos. Ele não entendeu nada do que estava acontecendo e não fazia ideia de que era uma simulação de incêndio. Ele disse para nós: "sinistro!".

Alguns dias depois, ele ouviu um alarme. Na mesma hora, alguns alunos se levantaram, fecharam as janelas e persianas, cobriram o vidro da porta com um pano escuro e trancaram a porta enquanto a professora apontava para os demais um local no canto da sala de aula onde deveriam se sentar, todos no chão, grudados uns nos outros. Erik ficou assustado. Alguns minutos depois, a mesma voz falou: "A escola está a salvo. O invasor foi capturado. Ninguém está ferido!". Foi então que ele descobriu que isso também era uma simulação chamada *lock down*. Aquilo sim é que era sinistro!

No Canadá, a maior parte da população estuda em escolas públicas, bem mais numerosas do que as privadas. Cada província tem a sua autoridade administrativa, a qual determina suas próprias diretrizes gerais. Dentro das províncias, as escolas estão organizadas segundo seus distritos, os quais são chamados *school boards*.

A administração dos distritos é descentralizada e feita por um superintendente localmente eleito. É ele quem decide as políticas institucionais, contrata professores, compra equipamentos e observa o dia-a-dia das escolas.

A administração de cada escola é feita pelo seu diretor com o auxílio do conselho de pais, o *Parent Advisory Council* (PAC). A principal função desse conselho é arrecadar fundos para a realização de eventos e compra de equipamentos para a escola, tais como: câmeras de vigilância, luzes de emergência, brinquedos para o playground e modernização das salas. Tais eventos foram exemplificados no capítulo "Solidariedade e inclusão". A participação do Conselho garante, ainda, uma administração responsável e com melhor aproveitamento dos recursos, além de ser a voz ativa para os anseios da comunidade que lhe dá suporte.

Minha vizinha, Bea, é a atual presidente do conselho de pais da escola onde o Erik concluiu o ensino fundamental. Em 2014, o conselho dessa escola levantou cerca de 200.000 dólares canadenses. Estes recursos foram destinados à compra de material administrativo, ao aparelhamento das salas de aula, com livros, ferramentas de ensino de matemática e tecnologia, à pintura de murais em toda a escola e, não menos importante, à compra de lanche para crianças cujas famílias são menos privilegiadas financeiramente de modo que pudessem participar dos eventos escolares.

Segundo Bea, "a força motriz de uma escola de sucesso é a comunidade que a apoia. Escolas mais vibrantes e com espírito forte têm pais mais envolvidos com as atividades do conselho, mesmo que não façam parte dele. Locais onde as escolas são bem administradas, apoiadas e financiadas pela comunidade local rivalizam em qualidade com qualquer escola pública do mundo e oferecem oportunidades raramente disponíveis em muitos outros países".

Um dos critérios mais importantes ao escolher um bairro onde morar é a reputação de suas instituições de ensino públicas. Isto porque a escolha da escola onde a criança será matriculada é atrelada à região onde ela vive. Em Ontário, a família não pode optar por uma instituição que não pertença à sua localidade, a não ser que esta não atenda à determinada necessidade do estudante como, por exemplo, o bairro onde reside não possuir uma escola especial da qual necessite.

Há diversos motivos para essa proximidade ser fator limitante da área de escolha, dentre eles: o ônibus escolar é um serviço público. A proximidade entre a moradia do estudante e a escola permite que ele caminhe até a instituição de ensino. Quando há necessidade do uso da condução escolar, os percursos diminutos facilitam a logística e não sobrecarregam as vias principais das cidades na hora do *rush*. No inverno, quando há neve, as distâncias percorridas são pequenas, o que reduz o risco de acidentes.

Em Ontário, como acontece na maior parte do Canadá, essa limitação acontece por bairros, porém, em Edmonton (província de Alberta) as crianças podem estudar em qualquer escola na cidade, e em Manitoba, em qualquer escola na província, desde que haja vagas.

Por esta razão, casas dentro da área de influência de escolas mais demandadas são mais caras. Há pouca diferença na qualidade de ensino entre as escolas, de modo que, para o estudante, as alternativas residem no diferencial da estrutura e dos opcionais oferecidos. Mesmo nas escolas onde os padrões médios são baixos, os estudantes que aproveitam ao máximo as oportunidades oferecidas recebem uma excelente educação.

ESCUTA ESSA!
– A qualidade do sistema escolar público local é crucial para manter os valores de propriedade e esse é um motivo a mais para a comunidade ser engajada nos projetos do Parent Advisory Council.

Além das escolas públicas tradicionais, há escolas especiais tais como: escola *English as Second Language Schools* (ESL), destinadas a imigrantes que não têm o inglês ou o francês como língua materna; *africentrics school*, destinada a estudantes afrodescendentes que não desejam estudar na escola tradicional; *aboriginal school*, destinada a estudantes descendentes dos primeiros habitantes do Canadá, chamados *Inuits*, e que desejam perpetuar a sua cultura; e escola para alunos com necessidades especiais. (Ver sites recomendados)

Fisicamente, as escolas canadenses são bem diferentes do que estamos acostumados a ver no Brasil. Os prédios parecem grandes paralelepípedos de dois ou três andares, com janelas e portas largas, plantados em uma enorme área plana entre parques infantis, pistas de atletismo e quadras esportivas, sem muros. Algumas escolas possuem parque aquático e centro de tecnologia.

Há inúmeras portas ao longo dos corredores com a finalidade de separar os ambientes e de manter a temperatura estável. No verão, há ar condicionado central e, no inverno, aquecimento. As crianças podem sair para brincar ao ar livre com temperaturas de –15ºC, mas ficam confinadas às salas de aula e ginásios internos nos verões mais quentes quando, ao Sul, a temperatura chega a passar dos 30ºC e há risco de desidratação e insolação. Demorei bastante a entender essa lógica, já que estava acostumada aos verões de 40ºC do Rio de Janeiro, sendo que, aos 22ºC, eu já usava casaco. Mas, tudo na vida é questão de hábito.

No Canadá, há escolas de nível fundamental (*fundamental school*) e escolas de nível médio (*Secondary* ou *High School*), é possível escolher entre o modelo agnóstico e o Cristão, bi-lingue ou não, e todas as crianças e jovens residentes, incluindo os imigrantes, têm direito a cerca de sete horas por dia útil de educação formal gratuita.

O governo provê ônibus escolares – aqueles os quais chamo de "monstros amarelos" – e quase não se vê transporte particular. Há paradas pré-estabelecidas e seus usuários caminham até elas para tomarem a condução. Quando há algum estudante com necessidades especiais, no entanto, o ônibus o busca na porta de casa. (Ver sites recomendados)

ESCUTA ESSA!
– Apenas estudantes que vivem na localidade podem estudar nas escolas públicas regulares, porém o estrangeiro que está de passagem pode estudar enquanto visita o país. Em Toronto

há o Greater Toronto Language School, que providencia, inclusive, alojamento. (Ver sites recomendados)

O ensino fundamental compreende desde o jardim de infância até o 8º ano. As crianças estudam uma grade curricular previamente determinada pelo Ministério da Educação e seguem com os mesmos colegas, na mesma classe, até se formarem, no 8º ano.

O ensino médio compreende desde o 9º ano até o 12º ano. Há uma grade curricular obrigatória que inclui as disciplinas tradicionais do Brasil e mais o francês e outras facultativas, que englobam cursos como culinária, cabelereiro, marcenaria, mecânica, noções de Direito, de Marketing, de Políticas Públicas, de Economia, dentre muitas outras opções. Para se formar o jovem precisa cumprir 30 créditos durante o *High School*, sendo 12 provenientes de disciplinas eletivas.

Além dos 30 créditos, o estudante precisa cumprir 40 horas de trabalho voluntário. Entenda a palavra voluntário como sendo uma atividade obrigatória e não remunerada. Essa atividade pode ser realizada no setor público ou privado, não precisa ser intelectual e deve ser reconhecida pela escola.

Alice trabalhou como monitora de matemática ajudando alunos com dificuldade de aprendizado, mas há quem cumpra suas 40 horas cortando a grama do bairro, ajudando em hospitais, escritórios ou indústrias. O trabalho voluntário vem da noção de solidariedade enraizada no povo desse país e, também, dá a oportunidade da vivência de um ofício.

No momento da matrícula, o aluno pode escolher a mesma disciplina de forma aplicada ou acadêmica. A primeira fornece apenas as noções básicas, é escolhida por estudantes que não pretendem seguir a vida acadêmica e tentarão, no máximo, um curso em um *college*, que tem duração de até dois anos. A segunda é mais completa e prepara o aluno para entrar em uma universidade.

ESCUTA ESSA!

– Os colleges habilitam os estudantes a serem policiais, secretários, desenhistas, professores de ensino fundamental, arquitetos e carreiras afins. As universidades habilitam os estudantes a serem músicos, cientistas, engenheiros, economistas, médicos, escritores etc.

Tanto no ensino fundamental quanto no ensino médio os alunos têm armários nos corredores, onde guardam seus pertences, e se deslocam pelas salas conforme a sua grade de disciplinas. No caso das crianças, não são utilizados cadeados nos armários e é frequente ver roupas e sapatos esquecidos pelo corredor. Mas nada some.

Como no Canadá há muitos imigrantes, há escolas com professores preparados para ensinar jovens cuja primeira língua não é o inglês. São as *ESL Schools*. Esse tipo de escola possui alunos canadenses e alunos imigrantes. As aulas são todas em inglês ou francês, dependendo da língua falada na localidade, porém a dicção dos professores é mais clara e as informações são inseridas mais lentamente.

Os *colleges* e as universidades são pagos. No momento em que escrevo esse capítulo, os primeiros custam de 10 a 20 mil dólares canadenses por ano. Já os segundos vão de 20 mil a 60 mil dólares anuais. Os melhores alunos da *High School* podem conseguir até 20% de bolsa de estudo em uma boa universidade.

Em Ontário, há um plano governamental que incentiva às famílias a pouparem dinheiro para custear a universidade desde que a criança nasce. Trata-se de uma poupança especial que os pais abrem para cada filho, mas isso só vale para quem é nativo ou se naturalizou canadense. O governo contribui com o mesmo valor que você a cada depósito na conta. Isso incentiva as famílias a pouparem para o futuro de seus filhos e garante – ou quase garante – educação de ensino superior para todos os que assim desejarem.

ESCUTA ESSA!

– O CanLearn é um programa governamental que ajuda às famílias a poupar para o futuro das crianças. Para cada dólar depositado na poupança em nome da criança, outro dólar é depositado pelo governo. (Ver sites recomendados)

Dentro das escolas canadenses há padrões que caracterizam bem essa sociedade. Esses padrões começam desde o jardim de infância e seguem, linearmente, até o último ano do ensino médio: professores respeitam os alunos e vice-versa. Ninguém grita dentro da sala de aula, os argumentos são utilizados o tempo todo e os alunos são ouvidos de verdade. Suas reivindicações são levadas a sério e se dedica bastante tempo no encorajamento e na orientação da forma de expressar opiniões e frustrações. É muito comum ter como resposta a uma pergunta, uma outra pergunta, tal como: "O que você faria para resolver essa questão que você está trazendo?". O pensamento crítico é valorizado acima de tudo.

Ali se entende que cada um tem seu tempo. As pessoas não amadurecem segundo a sua idade, mas segundo as suas vivências. O aluno do ensino fundamental não é reprovado por falhar em uma matéria, mas recebe atenção especial para recuperar a lacuna de aprendizado no momento em que estiver pronto para isso.

Os pais têm papel fundamental na alfabetização da criança. Há que se dedicar tempo lendo e brincando com os filhos. É raro encontrar pessoas que tenham longas jornadas de trabalho como no Brasil. A maioria das pessoas sai do trabalho entre quatro e cinco horas da tarde, porque precisa estar em casa para orientar seus filhos, jantar com eles e cuidar da casa.

A família é fundamental no Canadá. Não importa se essa família tem pai e mãe, duas mães, dois pais, apenas um pai ou uma mãe, ou apenas avós, o importante é o carinho e o tempo dedicado em atenção à educação e ao aprendizado da criança.

As escolas dão palestras às famílias sobre como orientar seus filhos na vida escolar, como ajudar a escolher as disciplinas e há ainda um professor conselheiro dedicado, o *concelour*, que orienta o aluno ao longo de toda *high school*, conforme for solicitado.

Durante o período em que fui voluntária na escola dos meus filhos observei que, ao menos na primeira parte do ensino fundamental, o canadense trabalha o tempo todo com o reforço positivo e raramente diz que algo está errado. Ele mostra que é possível fazer de forma diferente e sugere novas tentativas ao aluno. A negação do que foi feito não é a primeira opção dentro da sala de aula.

Logo que nos mudamos, fiquei preocupada com a qualidade do ensino e da cobrança, pois o volume de matéria é bem menor e não é tão aprofundado quanto no Brasil. As escolas canadenses não entram nos detalhes torturantes da química, da física e da biologia. Aprende-se mais regras gramaticais da língua inglesa no Brasil do que no Canadá.

Mais tarde percebi que minhas preocupações não tinham qualquer fundamento. Entendo que esse modelo forma cidadãos mais críticos e conscientes para o mundo. Ali os jovens se debruçam sobre textos, que são examinados minuciosamente. Eles escrevem muito e aprendem ortografia e gramática praticando. Não se cobram detalhes, mas o raciocínio em cima da informação recebida.

As avaliações são compostas de diversas provinhas e trabalhos ao longo do semestre. No final de cada semestre, há as provas finais, que duram até quatro horas, com cerca de 80 questões para cada matéria, e o conteúdo é acumulativo. A partir do 6º ano, cada resposta de prova é avaliada segundo quatro critérios: raciocínio, conhecimento, aplicação e comunicação. Não basta acertar. Há que adequar a resposta ao enunciado, comunicar o raciocínio e justificar a escolha da resposta. Isso forma estudantes com pensamento crítico e espírito desbravador no universo das ideias.

Esse modelo de ensino exige bem mais do aluno, que precisa entregar trabalhos personalizados constantemente. Muitas vezes, esses trabalhos são pesquisas para as quais o aluno deve colher as informações de campo, analisá-las e tirar conclusões, seja em geografia, matemática ou química. Não dá para "colar". Ninguém nem tenta copiar ou plagiar. As provas são baseadas no raciocínio, não na mecânica. É comum o professor perguntar de quantas maneiras se pode resolver um mesmo problema, ou pedir para discutir um ponto de vista. Nesse caso, não há resposta errada, desde que esteja bem fundamentada.

No ensino fundamental, não é incomum o aluno começar a prova em um dia e só terminar no dia seguinte. É isso mesmo, você não entendeu errado. O aluno devolve a prova, vai para casa e termina a prova na aula do dia seguinte. Você deve estar pensando que isso dá ao aluno a oportunidade de chegar em casa, aprender a resposta da questão e responder corretamente no dia seguinte. É verdade. E desde que a resposta esteja completíssima, dentro dos padrões exigidos, o professor a aceita e o aluno aprende porque não dá para decorar. Há que se explicar o raciocínio, justificar e exemplificar.

Se, no Brasil, nós damos importância demasiada ao conteúdo, nas terras do Norte, a importância está no raciocínio, na capacidade de discernimento, na socialização, na solidariedade e na cidadania. Me parece que, estando nós na era da tecnologia e com tanta informação à disposição, não faz mesmo sentido ficarmos acumulando informação em detalhes. Creio que o mais importante é ter direção e saber o que fazer com o conhecimento.

Via de regra, os professores dão aula em apenas um turno, têm tempo de prestar atenção em cada aluno e fazer um trabalho direcionado e quase personalizado de acordo com a necessidade de cada estudante. Quase todas as classes, no ensino fundamental, têm um professor auxiliar para tirar dúvidas durante as aulas. Oficinas de reforço são oferecidas, gratuitamente, àqueles que precisam melhorar o seu desempenho.

Os professores demonstram real interesse no aprendizado de seus pupilos. Eles entendem que cada pessoa é única, tem uma capacidade de aprender e vão somente até o limite em que não criam sofrimento para a criança, mas que permite o mínimo aceitável de conteúdo para formar o cidadão. Há uma dedicação sincera e, por esse motivo, é muito raro haver um aluno com notas que impediriam a sua aprovação.

Alunos com alto rendimento recebem encorajamento e orientação no sentido de serem cada vez melhores. Aqueles que possuem todas as notas acima de 80% são premiados com o diploma *Honors Society*, em uma cerimônia, ao final do ano letivo. Os melhores alunos de todas as classes de cada matéria são especialmente condecorados. Aqueles com rendimento mediano são incentivados a tentar dar um passo maior no sentido de melhorarem suas notas e se prepararem para o futuro.

Ainda no ensino fundamental, os estudantes aprendem sobre os trabalhos de seus pais e dividem a experiência com a sua classe. Durante o período em que cursam a *high school*, eles recebem orientação, via palestras, com suporte de *websites*[19] e professores, no sentido de dar-lhes condições de escolher uma carreira ou pelo menos a área de preferência, de modo que possam se matricular em matérias afins com seus interesses. Além disso, há uma disciplina chamada "carreiras", onde os alunos vão mais a fundo em busca de suas aptidões e opções de futuro. Tudo orientado.

Como regra geral, alunos com alto rendimento acabam por seguir carreiras universitárias, porém, os pais são aconselhados no sentido de não forçar a escolha do filho, pois cada pessoa tem seu talento e nenhuma profissão é melhor ou pior do que a outra. Todas são dignas. Ninguém é discriminado por não ter frequentado uma universidade.

Ali se entende que as capacidades das pessoas são diversas e todas as profissões são importantes. Por isso, escolher trilhar um *college*, em vez de uma universidade, não é desonra alguma. A escolha entre uma

---
19   Como, por exemplo, o *Blue Print*: https://core.myblueprint.ca/

universidade, um *college* ou um curso técnico determinará a profissão, mas não o sucesso nela. Isso, todos sabem, depende do esforço posterior.

    Achei esse sistema bastante interessante, pois não desencoraja as pessoas que não têm aptidão acadêmica e evita a evasão escolar, permitindo à nação formar cidadãos mais cultos, conscientes e informados. Afinal, em um país com tão pouca desigualdade social, a diferença que um salário pode prover está no luxo e não na dignidade.

    Vejo, nessa sociedade, uma preocupação bem maior do que apenas escolarizar a população. Percebo um cuidado genuíno com o jovem em todos os sentidos. Há um olhar carinhoso e um cuidado especial com o emocional, com a formação de caráter e com a educação formal. Há profundo interesse no futuro de *cada um*, pois o futuro dos jovens reflete o do seu país.

 *E-mail #12*

De: Lila Kuhlmann
Enviado: Segunda-feira, 25 de junho de 2012 11:44
Assunto: Notícias 12

Querida família, queridos amigos,

Que saudade gigante sinto de vocês! Pessoas, definitivamente, são insubstituíveis. O que era um mero "achismo" virou certeza: não há distância ou tempo que diminua o carinho, o amor e a admiração. A gente fica aqui de longe, ouvindo as notícias e torcendo para que tudo corra bem com cada um de vocês.

Mas nem tudo são saudades. Minha mãe, minha irmã, minha sobrinha e minha prima vieram nos visitar. Elas chegaram no dia da festa de aniversário de cinco anos do Lucas, que foi ótima. Todas as pessoas que convidamos vieram. Havia, pelo menos, 20 crianças, seus pais e dois idiomas pairando no ar.

Os canadenses se divertiram com a animação do nosso "Parabéns *pra* você" cantado bem alto e acompanhado por palmas. Também descobriram o quanto nós, brasileiros, somos barulhentos. Acho que gostaram, pois continuam aceitando os nossos convites e nos convidando para os eventos do bairro e festas.

O dia das mães foi emocionante, pois éramos quatro mães na casa, e Alan e as crianças se lembraram de presentear a cada uma de nós. Fizeram um café da manhã digno de rainhas e demoramos cerca de duas horas saboreando aquelas gostosuras.

Nos dias seguintes, fizemos diversos passeios e eu me sentia nas nuvens, até perceber que a minha mãe não melhorava da exaustão da viagem. Levamo-la ao hospital e descobrimos que estava com uma embolia pulmonar. Ela ficou internada e passei duas semanas insone e apavorada, os médicos fizeram dois diagnósticos errados antes do correto. Poucas vezes na vida senti tanto medo.

Ao menos, teve uma parte interessante: andei de ambulância com paramédicos, vi muita ação na emergência, inclusive policiais trazendo um preso algemado para ser tratado, igualzinho aos filmes.

Aliás, o que os filmes mostram é tudo verdade: há um telefone vermelho que toca na emergência, as fardas são lindas e eles/elas parecem que acabaram de sair do banho, não importa a hora do dia ou da noite. As enfermeiras e médicas são muito bonitas. Todos são muito atenciosos e gentis. Eu sei que deveria falar sobre a eficiência deles, mas, na hora do sufoco, mostrar esses detalhes para distrair a minha mãe e contar isso tudo para vocês é bem mais divertido.

Só uma semana depois que a minha mãe aterrissou no Brasil é que fiquei mais tranquila, pois vi que a saúde dela estava estabilizada.

Eu, que me sentia um tanto desanimada desde a torção do pé, voltei a pensar positivo. Ver a minha mãe melhor, me lembrou de como minha vida é bonita e meus filhos e marido são maravilhosos. Voltei a ter iniciativa de contato com os nossos vizinhos, a sair com os amigos, a jogar squash e fazer ginástica, voltei a estudar Direito em casa, tudo exatamente como antes, mas vendo as coisas sob um ângulo mais generoso.

Agora que estou me sentindo bem, contarei para vocês o que eu fazia nesse período mais solitário: tendo fé na segurança local, passei a convidar as pessoas que batiam à minha porta para um cafezinho e isso se mostrou uma experiência bastante interessante. Tudo começou com um casal de mórmons, Sylvie e John, que vieram trazer a palavra de Deus. Ofereci o uso do banheiro, um copo de água, batemos cinco minutos de papo e, desde então, sempre que passam pela rua, vêm me visitar. O nosso carteiro também toma café comigo sempre que pode e gosto de ouvi-lo falar sobre os filhos e a esposa. Por incrível que pareça, acho que sei mais sobre as vidas dessas pessoas do que sobre as das pessoas com quem convivo diariamente. Não é um paradoxo?

Tenho sonhado com o meu pai com frequência e acho que por esse motivo não sinto tanta saudade dele. É como se nos encontrássemos sempre. Sei que é apenas sonho, mas me engana direitinho. Hoje ele faria 77 anos. Espero sonhar com ele para poder dar os parabéns pessoalmente.

ERRAR É HUMANO

Como sempre, divirtam-se com o "portuglês":

– Nós ficamos attachados a vocês (*We were attached to you.* Aportuguesou a palavra "*attached*" querendo dizer "ligados a vocês").

– Não peguei a receita no caixa (*I didn't get the receipt.* Misturou os idiomas trocando a palavra "recibo" por "receita", parecido com "*receipt*").

– Manejar uma empresa (*To manage a company.* Aportuguesou a palavra "*manage*" em vez de dizer "gerenciar uma empresa").

– Posso ter um refrigerante? (tradução literal de *may I have a soda?*, quando deveria ter dito "posso ganhar um refrigerante?").

– Eu vou ganhar molhado (tradução literal de *I will get wet*, quando deveria ter dito "eu vou ficar molhado".

– O comentador... (comentarista!).

– O tornamento... (Aportuguesou a palavra "*tournment*", quando queria dizer "torneio").

– A torcha... (Aportuguesou a palavra "*torch*", quando queria dizer "tocha").

```
Bem, é isso!
Um mega beijo, super carinhoso,
Lila
```

SAÚDE

A nossa experiência com a saúde no Canadá foi apenas boa e, de modo geral, fomos bem atendidos. Mas se considerar que ela é pública, diria que é ótima.

Quase todos os profissionais da área da saúde são empregados do governo. Excetua-se deste rol os dentistas, psicólogos, fisioterapeutas e oftalmologistas, que são da rede privada e devem ser pagos pelo cidadão.

Todo residente tem direito a fazer uso do sistema público de saúde, o OHIP. No mesmo dia em que chegamos ao país, nos registramos no *Health Care* e, após três meses de carência pudemos começar a utilizar esse serviço. Recebemos pelo correio as carteirinhas de identificação e, para sermos atendidos, bastava apresentá-la em um hospital ou consultório. (Ver sites recomendados)

ESCUTA ESSA!
– A inscrição no sistema público de saúde (Health Care) é feita em um escritório do OHIP com os documentos de imigração e comprovante de endereço. A sua renovação anual é realizada no Ontario Service. O imigrante tem uma carência de três meses para poder começar a usar

os serviços de clínica, ambulatório e hospital. (Ver sites recomendados)

DICAS DA

Seguro Saúde: *É aconselhável ter seguro saúde durante o período de carência. O custo de uma consulta médica em uma clínica de família, para quem não é inscrito no OHIP, custa a partir de 70 dólares. Esse valor varia em função do local.*

Em Ontário, existem basicamente três tipos de médicos: os que atendem nas Clínicas de Família, os especialistas e os que atendem em hospitais. Não importa quem ou onde, os médicos e as enfermeiras são muito atenciosos, cuidadosos e têm uma postura extremamente profissional.

O processo de seleção é rigoroso e imigrantes que exerçam a medicina em outros países precisam frequentar cursos e enfrentar provas de nivelamento ao longo de pelo menos um ano antes de voltarem a clinicar sob supervisão, e bem mais do que isso para atuarem na área de sua especialidade.

Há diversas Clínicas de Família – as *Familiy Cares* – espalhadas pelos bairros. O paciente pode agendar consulta ou comparecer em caráter de emergência, quando não forem necessários cuidados hospitalares.

Cada família possui o seu médico e sempre que uma consulta tiver sido agendada, é por ele que o paciente será atendido. Ele conhece o histórico e os dramas familiares, o que facilita o diagnóstico. Em Oakville, nós conseguíamos uma consulta para a mesma semana do pedido de agendamento e a mesma notícia tenho da GTA, mas sei que esse tempo varia com a localidade.

Caso o médico da família detecte a necessidade de o paciente ser atendido por um especialista, haverá encaminhamento e o paciente deverá procurar o médico designado.

Exames de laboratório e de imagem são realizados, via pedido médico, em clínicas públicas especializadas, não tão numerosas quanto as clínicas de família, mas bastante acessíveis.

Caso a situação emergencial exija cuidados maiores, o paciente pode se dirigir a qualquer hospital, mas dependendo do tipo de emergência, a espera pode durar horas. Quando o Lucas caiu e abriu um corte profundo na cabeça, fomos ao hospital de Oakville e ele passou por uma triagem. Após classificarem o tipo de emergência, a espera foi de três horas para grampearem[20] a cabeça dele. Esperamos quatro horas da vez em que ele "guardou" uma bolinha no ouvido, à noite. Esperei cinco horas quando tive crise de asma com pneumonia. Esse é um dos hospitais considerados rápido no atendimento de emergência. Apesar da espera, o atendimento foi feito com cortesia e atenção.

Cientes da sobrecarga dos hospitais, a prefeitura de Oakville estava terminando a construção de mais dois hospitais no início de 2015.

Toronto possui um programa chamado MedVisit. O usuário do OHIP, que esteja com limitação de locomoção, pode chamar um médico para ir atendê-lo em casa, sem custo adicional, quando não se tratar de caso grave, do contrário, usa-se o 911. (Ver sites recomendados)

Há, ainda, o *TeleHealth Ontario* para onde qualquer pessoa pode telefonar e pedir orientação a médicos por telefone. O atendimento é feito em uma infinidade de idiomas, inclusive o português. (Ver sites recomendados)

O interessante de a saúde ser unicamente pública é que ela é igual para todos. Não há diferença entre as pessoas. Por outro lado, quando o serviço é deficiente, não há outra opção. Há, entre os meus conhecidos, uma certa preocupação com a queda na qualidade do serviço prestado. Além disso, não só algumas especialidades foram excluídas da rede pública,

---

20   Sim, trata-se de um grampeador hospitalar. Segundo o médico, a parte de trás da cabeça é muito dura para se dar pontos satisfatoriamente.

mas também os pedidos de exames apenas são feitos quando se há certeza de um problema, não cabendo nos casos de pesquisa ou prevenção.

O atendimento particular costuma ser muito bom. Os dentistas, por exemplo, não se limitam a olhar os seus dentes. Periodicamente, medem a profundidade da gengiva, tateiam toda a boca, maxilar e pescoço em busca de gânglios ou anomalias. Mas o custo do tratamento dentário é expressivo no orçamento familiar. A colocação de aparelho ortodôntico e sua manutenção ao longo de dois anos nos custou 10 mil dólares canadenses. Para fazermos apenas a profilaxia, nós desembolsávamos, a cada seis meses, 250 dólares por pessoa. É possível optar por um plano de saúde dentário.

O atendimento oftalmológico que recebemos foi ótimo. Quanto às demais especialidades particulares, nós não as utilizamos, porém as pessoas falam bem dos serviços recebidos.

TRANSPORTE PÚBLICO NO GTA

A malha de transportes viários de Toronto é bastante boa. Há trens, ônibus, metrôs e bondes. O metrô e os trens têm como ponto central a Union Station. De lá, partem dezenas de trilhos para todos os cantos de Toronto e das cidades ao redor. Tudo muito organizado e pontual. É possível descobrir o horário do próximo trem e as conexões com ônibus dando uma rápida verificada no *website* ou utilizando o aplicativo de trânsito da cidade. Além de a malha viária ser invejável, a integração entre os meios de transporte é inteligente e bastante eficaz.

ESCUTA ESSA!
– Aplicativos de trânsito?
De Toronto a Oakville a companhia é a Go Transit (www.gotransit.com). Em Mississauga é o Mi Way (http://www.mississauga.ca/portal/miway).
Para outras localidades, basta digitar o nome da cidade + província + "transit", no Google.

Para os padrões brasileiros, o transporte por ali é caro e visitar a cidade dói no bolso. Um trecho de metrô custa três dólares. Percorrer os

35 km de trem entre Oakville e Toronto, uma viagem de 35 minutos, custa 7,50 dólares por trecho. O preço é proporcional à quilometragem.

Os moradores que utilizam o trem com frequência podem adquirir um cartão eletrônico pré-pago que lhes dá um desconto, e parte do transporte diário entre trabalho e casa pode ser abatido do imposto de renda.

Enquanto os meios de transporte de Toronto são bastante bons, os de Oakville, Burlington e arredores são apenas toleráveis. Não há metrô, são poucas as linhas de ônibus e apenas uma linha de trem, a Lakeshore West, que vai para a Union Station.

Tanto os ônibus quanto os trens são extremamente pontuais, com margem de erro de um ou dois minutos. No caso dos primeiros, costuma haver uma boa distância a ser percorrida a pé até os pontos de parada e o tempo de duração das viagens pode ser o triplo da feita por um carro, tão longos são os trajetos destinados aos ônibus.

Para um visitante, descobrir como pagar o transporte público não é simples e, por isso, deixo a dica: Carregue muitas moedas consigo. Nos ônibus, há uma caixinha onde você deposita o valor exato da passagem. Não há troco, porque não há trocador.

Pegar trem pela primeira vez é algo que deixa qualquer pessoa preocupada por ali. Não que não seja simples. Ao contrário, é tão simples que você pode ficar na dúvida se não fez nada de errado. Se você vai usar o trem apenas uma vez, deve comprar o passe do dia e ir direto para a plataforma. Não há roletas, não há ninguém para verificar a sua passagem, nada! Você não ficaria preocupado achando que está faltando algo? Eu fiquei! Ficava olhando ao redor me perguntando o que fazer. Observava as pessoas, mas cada uma agia de uma maneira: alguns passavam o cartão eletrônico em uma torre magnética, outros seguiam para a plataforma e outros ficavam ali parados. Acabei seguindo para a plataforma. Não passei por nenhuma roleta ou por qualquer forma de controle. Entrei no vagão e me sentei. Ninguém olhou meu ticket, nem na ida, nem na volta.

Algum tempo depois, descobri que de vez em quando aparece um fiscal dentro do trem verificando o pagamento. Mas as pessoas têm a consciência de que se cada um paga a sua passagem o transporte funciona e era raro alguém não fazê-lo.

Alan passou por uma situação constrangedora quase seis meses depois que estávamos morando ali. Ele costumava ir para Toronto diariamente de trem. Em vez de comprar passagens diárias, ele utilizava o cartão eletrônico pré-pago. Toda vez que ia pegar o trem, precisava encostar o cartão em uma torre magnética, que debitava o valor da viagem já programada.

Certa vez, combinei de buscá-lo em uma estação anterior à que ele costuma descer, pois tínhamos de ir a um lugar ali perto.

No dia seguinte, ele estava sentado em um dos vagões e um fiscal – fiscal?, ele nunca havia visto um – passou e pediu o cartão dele. O homem, então, perguntou por que o meu marido não havia passado o cartão no leitor magnético. Ele tinha passado e não entendia o que estava havendo. Até o caso ser desvendado, levou um tempo. O fiscal percebeu que ele deveria ter descido em uma estação atípica e explicou, educadamente: "A viagem do seu cartão é registrada como Bronte – Union Station – Bronte. Sempre que você fizer uma viagem diferente da usual, é necessário registrar o cartão na entrada e na saída, do contrário, na viagem seguinte você só pagará uma pequena diferença entre as estações faltantes e parecerá um calote". Ok, tudo foi explicado e assim que o meu marido saiu do trem, tratou de pagar a diferença. Hoje nós rimos do engano e somos gratos pela educação e discrição com que o fiscal cuidou da situação, mas é impossível não se sentir embaraçado.

PARTE 6

SABOREANDO

 *E-mail #13*

De: Lila Kuhlmann
Enviado: Segunda-feira, 30 de julho de 2012 11:15
Assunto: Notícias 13

Olá queridos, como estão todos vocês?

O verão está aqui, a todo vapor. Fizemos muitos passeios nos finais de semana, graças a Joy e família. Eles adoram praia e dirigimos durante horas para chegar até os lagos. Também participamos de um churrasco de hambúrguer na casa dos nossos vizinhos, igual àqueles que a gente vê na TV. Mas não fomos acampar porque a Alice está fazendo curso de verão e fiquei com medo de deixá-la sozinha por uma semana, sendo que estaríamos incomunicáveis. Seria demais para o meu coração de mãe.

O curso é mesmo necessário, de modo que ela possa entrar no *grade 11*[21] sem dever nenhuma matéria curricular e possa se formar em dois anos. Ela

---
21 Equivalente ao segundo ano do ensino médio.

está deixando de ser uma aluna ESL e se tornará uma aluna nível *academic* e isso é um grande passo, pois as exigências do inglês são altíssimas.

ESCUTA ESSA!
- As disciplinas na modalidade academic habilitam o aluno a entrar nas Universidades, caso ele tenha notas compatíveis com as exigências da instituição escolhida.

Erik terá a festa de graduação do ensino fundamental em poucos dias. Em setembro ele vai para a *High School* e estudará na escola da Alice. No mês passado, fui à reunião em que os professores da escola atual o apresentaram aos da nova escola e me emocionei com tantos elogios. Agora, ele terá um novo desafio, que é o de se adaptar pela segunda vez em um ano a uma nova escola, novos professores, novos colegas de classe, novo método de ensino. Mas tenho certeza de que ele se sairá muito bem, pois é muito centrado e comprometido!

ESCUTA ESSA!
- A apresentação do aluno por parte dos professores, na transição entre as escolas, é uma tradição. Trata-se de ambientar o estudante e introduzi-lo à nova etapa da vida. Nessa reunião estão o estudante, o responsável legal por ele, alguns dos antigos e dos novos professores.

Lucas está feliz por estar de férias. Ele não gosta de ir à escola. Diz que prefere brincar. Mas, na semana passada, me pediu para ajudá-lo a escrever "pode entrar" na porta do quarto. Fiquei satisfeita com a iniciativa dele.

Ele é diferente, bem mais inocente do que os irmãos na mesma idade e, também, mais carinhoso. Outro dia, o Alan estava explicando para ele que é mais importante ter a cabeça forte do que os músculos fortes. Então ele disse, muito sério: "a minha cabeça é bem dura, não é, papai? Ihhhh, mas minhas bochechas são moles!". Pelo comentário, vocês podem imaginar a peça.

Alan voltou a se exercitar e tem jogado squash. Ele vem vencendo todos os jogos. Sei que sou suspeita por ser fã número um, mas ele merece, pois é muito "fera". Ele tem treinado Alice e Erik, que vêm evoluindo rapidamente. Profissionalmente, tudo vai bem. Ele gosta muito do que faz.

O inglês não é mais um problema para ninguém por aqui. Está longe de ser perfeito, mas nos sentimos bem com a língua não mais tão nova assim. Lucas praticamente só fala em inglês, mesmo quando a nossa conversa é em português.

Percebemos, entre os brasileiros que moram aqui, que é natural trocar algumas estruturas de frases em português por influência do inglês ou inverter palavras com grafias parecidas. Erik é quem mais rapidamente se adaptou ao inglês. Por outro lado, também vem se confundindo com o português na mesma proporção. Nós damos boas gargalhadas cada vez que lembramos os nossos "erros" de português.

Eu ainda sinto dificuldade para entender o que as pessoas falam em ambientes um pouco mais tumultuados, porém não me incomodo com isso tanto quanto antes.

Aos poucos, vamos nos sentindo mais parte daqui. A dificuldade está mais na cabeça da gente, pois o Canadá é um país maravilhoso de se viver, muito acolhedor, com todas as facilidades que se pode imaginar e pessoas muito amáveis. Conforme o idioma vai deixando de ser uma barreira, vamos encontrando o caminho da felicidade. A partir de setembro começarei a procurar emprego e tudo ficará melhor ainda.

É muito bom ter os dois mundos: aqui e aí. Mal posso esperar por agosto. Estamos muito animados com a nossa ida para o Brasil. Quero apertar todo mundo!

ERRAR É HUMANO

Com vocês, o "portuglês":
– Era uma hipotesia (hipótese).
– O que fazia bom ou ruim para o cabelo (bem ou mal).
– Quantas árvores que tinham there? (ali).
– Eu não sei ele (Eu não conheço ele – tradução literal de *I don't know him*).
– Ela vai me perder muito (Ela vai sentir a minha falta – tradução literal de *she will miss me*).

Um beijo enorme e carinhoso,
Lila

CALOR NO SUL DE ONTÁRIO

O ano de 2012 foi atípico: extremamente quente e seco para os padrões canadenses.

No final de maio, devido às temperaturas altas, beirando os 36º, meus vizinhos e eu organizamos uma batalha de balões de água, a *water fight baloon*, entre pais e filhos. A batalha se daria entre a porta da minha garagem e a da casa da frente, atravessando a rua. Nós enchemos centenas de balões. Devíamos ser cerca de 30 pessoas, dentre crianças e adultos. Todos acabamos encharcados, ofegantes e felizes. É claro que, ao final da brincadeira, limpamos a rua e as calçadas.

Aproveitamos os dias lindos e quentes de maio e junho, quando a minha família veio nos visitar, para fazermos diversos passeios: fomos ao jogo de vôlei Brasil x Canadá – que emoção cantar o nosso Hino Nacional em uma solenidade; também passeamos pelos principais parques de Oakville e Burlington; Joy nos levou a Rattlesnake Point, uma aldeia onde viveram os primeiros habitantes canadenses, e a Crawford Lake, uma linda reserva florestal nas escarpas de Milton. Visitamos Springridge Farm, uma fazenda de morangos, e também demos uma volta de barco pelo Lago Ontário, por entre as Ilhas Toronto, coisa mais linda de se ver.

Eu pensei que iria me relacionar com mais frequência com meus vizinhos durante o verão, mas não foi bem assim. No final de maio, tentamos marcar churrascos e reuniões na nossa casa para dois meses depois, mas aprendi que todas as pessoas programam seu verão ainda no inverno e ninguém tinha dias vagos para fazer novos programas.

Os vizinhos com quem eu costumava papear aproveitaram a chegada do calor para irem à praia nos finais de semana de junho e, assim que as aulas acabaram, em julho, partiram para suas viagens *mega-antecipadamente* reservadas. A maioria acampava por semanas, mas alguns mais privilegiados financeiramente viajavam para *resorts* em Cuba, Cancun, Bahamas ou República Dominicana, programas bem menos caros do que viajar pelo Canadá.

Então, as ruas da minha cidade ficaram desertas. Os poucos que permaneceram no nosso bairro se trancaram em suas casas para fugir do calor.

Quando as férias de julho chegaram, as temperaturas continuavam altas e os jardins, secos. Era uma alegria enorme, para mim, sair de casa e sentir aquele bafo quente, tão comum no meu Rio de Janeiro. Sim, nesse quesito, eu estava me sentindo em casa. Mais ainda porque descobri o quanto os canadenses gostam de fazer churrasco. Durante o verão, era raro chegarmos no nosso quintal e não sentirmos cheiro de carne no fogo. Mmm... cheirinho de Brasil.

Toda vez que íamos visitar Sergio e sua família, havia churrasco. No início, eu achava que isso fosse coisa deles, que apesar de morarem ali há mais de 20 anos, não haviam perdido as raízes. Lembro-me da segunda vez em que estivemos na casa deles, a temperatura era de -7ºC, a cerveja estava gelando no montinho de neve na varanda e o Sergio estava lá fora "queimando uma carninha" – macia, suculenta, com aparência tão apetitosa que eu não resisti e experimentei. Era um sabor diferente da picanha, mas também era muito boa.

Em um sábado de julho, atendemos o convite feito seis semanas antes por Mary, para um *barbecue* em sua casa. Na hora marcada, nos encontramos com Bea e seus quatro filhos no quintal vizinho. Uma piscina cilíndrica enorme estava montada e as crianças se divertiram a valer.

Havia legumes para petiscar e cerveja e vinho para beber. Após quase duas horas de conversa, nosso anfitrião finalmente descobriu a churrasqueira – uma estrutura de aço inoxidável aquecida à gás – e perguntou: "Qual é o tipo de hambúrguer da sua preferência? Quatro queijos, champignon, básico, com alho ou cebola?" Foi só então que nós entendemos que o churrasco canadense é feito com hambúrguer.

Qualquer brasileiro diria que isso não é churrasco, pois aqueles que se prezam têm que ter linguiça, asa de frango, fraldinha e picanha. Mas, não, era só hambúrguer. Passado o susto, surpresa das surpresas: estava uma delícia, adorei! Não se tratava daquele disco de carne que costumamos comprar nos mercados brasileiros. É um especial, com dois dedos de espessura, 20 cm de diâmetro, temperado, grande e suculento. Ok, ainda assim é hambúrguer. Que me desculpem os churrasqueiros brasileiros de plantão e você pode me crucificar, mas confesso que me conquistou.

Em Ontário, quase toda praia ou parque tem mesas e/ou churrasqueiras para que seus ocupantes possam fazer o que mais gostam: queimar uma carne. Para muitos cariocas isso tem outro nome: farofada. E, no Rio, esse termo é usado em tom pejorativo. Mas não ali.

Toda família, quando vai à praia, faz um churrasco com direito a mesas portáteis, barracas gigantescas, cadeiras desmontáveis e muitos brinquedos. Estávamos ali e adotamos os mesmos hábitos com a maior alegria, sem qualquer cerimônia, da mesma forma que Sergio havia feito: trocando o hambúrguer pela carne.

Em um dos sábados de julho de 2012, acordamos cedinho e fomos fazer churrasco em Long Point, uma praia no lago Erie e ao Norte de onde morávamos, a cerca de duas horas da nossa casa. O caminho em si já foi um passeio turístico memorável. Passamos por dentro de lindas cidadezinhas intercaladas por milhas e milhas de fazendas bem cuidadas, cujas casas pareciam ter sido tiradas dos livros de fotografia, com direito a grandes celeiros e rolos gigantes de feno.

Quando chegamos a Long Point, o trânsito parou. Para nossa surpresa, nos depararmos com uma placa indicando "travessia de tartarugas", as quais eram a causa do trânsito: uma mulher havia parado o carro e enxotava as tartarugas para a margem da estrada. Os carros esperaram pacientemente a travessia dos animais por cerca de 10 minutos. Pensei comigo mesma: isso é Canadá!

Eram cerca de 10 horas da manhã e o estacionamento estava bastante cheio. A curiosidade era grande. Nos perguntávamos que tipo de praia faria quatro famílias se locomoverem por duas horas, com um monte de brinquedos nas malas dos carros, além das churrasqueiras, carnes, bebidas e guloseimas?!

Tivemos que carregar toda a parafernália através da imensa duna que nos separava da praia para descobrirmos aquela larga e comprida faixa de areia. O lago Erie é tão grande que parece mar. O vento soprava forte e criava pequenas ondas de até 40 centímetros, o suficiente para fazer a alegria dos nossos pequenos surfistas. A areia fininha e branca era um convite para cavar buracos e esculpir castelos. Os cariocas estavam na praia, sim! Me senti em casa, mas não entrei na água. Não gosto de água fria, que estava a cerca de 15ºC.

Fizemos uma "farofada" das boas, jogamos vôlei, futebol, frescobol, badminton, nadamos, cavamos, enterramos, esculpimos, enfim, passamos um dia maravilhoso com aquelas maravilhosas famílias brasileiras.

No sábado seguinte me peguei novamente dentro do carro, com todo o equipamento, a caminho de Pinery, uma reserva florestal à beira do lago Huron, distante duas horas e meia da nossa casa. É claro que aquilo era coisa da Joy, que não conseguia sossegar quando via que o tempo estava bom. Novamente as famílias se reuniram para mais um passeio memorável.

A paisagem ao longo do caminho era muito parecida com a de Long Point e não nos cansávamos de admirar as casas e pequenas cidades ao longo do caminho. Passamos até pela cidade de 32 mil habitantes onde nasceu Justin Bieber, mini-galã-pop-star canadense.

Chegamos em Pinery e fomos dar uma volta de canoa *Kanuk* ao longo do rio Pinery, que deságua no lago Huron. Não havia como ficarmos desapontados. Lá estávamos nós, diante daquela natureza exuberante, um dia ensolarado e quente, a água com temperatura surpreendentemente tolerável, quatro canoas e muitas risadas. Era uma verdadeira comunhão entre espíritos humanos e a natureza e me senti profundamente grata por estar viva.

Depois de tanto exercício físico – você não acha que foi algo totalmente contemplativo, não é mesmo? Apostamos corrida de canoa algumas vezes, o que custou a todos braços doloridos ao final do dia. Voltando... depois de tanto exercício físico, estávamos todos famintos. Desta vez não trouxemos churrasqueira, mas sanduíches, frutas e geladeiras com bebidas geladinhas. Tiramos tudo do carro, colocamos sobre as mesas do parque e matamos a fome que retorcia nossos estômagos. Em seguida, fomos para a praia, que também ficava localizada por detrás das dunas.

A praia de Pinery era uma faixa de areia estreita, mas muito longa e mais uma vez nos divertimos muito em companhia de nossos amigos.

Os lugares aonde fomos ao longo do verão são lindos, mas se não estivéssemos em tão boa companhia, não teríamos aproveitado metade do que aproveitamos. Para mim, a melhor parte de todos esses passeios são as pessoas.

Uma pena não podermos ir ao acampamento em Algónquin na semana seguinte. Teríamos que deixar para 2013.

TURISMO EM TORONTO E ARREDORES

E já que no capítulo anterior falei sobre lazer, acho pertinente completar o tema, pois Toronto é uma cidade muito bacana para se fazer turismo. Há parques, museus, ilhas, exposições, o maior e mais sensacional aquário que eu já vi, o lago Ontário e a própria arquitetura da cidade são dignos de apreciação. A GTA não fica atrás.

Se você não tem qualquer interesse no turismo da região, sinta-se à vontade para pular para o próximo capítulo. Não me ofenderei. Porém, se você tiver a oportunidade de fazer turismo em Toronto, se pretende imigrar, se quiser passar uma breve temporada estudando na GTA, ou se morar nos arredores, esse capítulo certamente vai te interessar, pois escrevi nele muita coisa boa que há por ali. Mas se, pelo menos por enquanto, você não pretende passar por essas bandas, sempre é possível visitar esses lugares através dos sites que indico ou pelo Google.

ESCUTA ESSA!
– O site oficial do turismo em Toronto é http://www.seetorontonow.com/ e ali é possível achar grande parte dos eventos culturais que acontecem na cidade. É muito comum haver concertos ou shows ao ar livre, e também festivais (da lagosta, da costela, do Maple Syrup, de cultura etc).

DICAS DA

Meus pontos turísticos prediletos:

- *CN tower*: é a torre de rádio transmissão mais alta do mundo. No verão, em um dia ensolarado, reserve uma mesa no restaurante giratório da CN Tower para pelo menos uma hora antes do anoitecer. Duas horas antes da sua reserva, vá caminhar pelo Harbour Front, que é um cais muito bonito. No seu caminho haverá um gigantesco chafariz que é revertido em pista de patinação no gelo no inverno. Chegue na CN Tower cerca de 40 min antes do jantar. Para quem janta por lá, a subida é gratuita e o elevador panorâmico é uma das atrações. Suba até o piso de vidro e sinta a emoção de caminhar sobre as nuvens. Depois, siga para o restaurante e jante assistindo a despedida do sol com a vista panorâmica do lago, das Ilhas Toronto e da própria cidade. Para os que gostam de esportes radicais, vale ir até o piso mais alto, onde se pode ficar pendurado por cabos do lado de fora da torre, para sentir o vento, a adrenalina e pensar na vida. Visite www.cntower.ca para mais informações.
- *Ripleys Aquarium of Canada*: O Ripleys, em Toronto, fica localizado logo abaixo da CN Tower e é o aquário mais bonito que já tive o privilégio de visitar. Até me esqueci de que não gosto de ver animais presos, pois há aquários do tamanho de salões inteiros. O ponto alto do passeio é um aquário bastante longo, de volume inacreditável, com uma abertura em forma de túnel. Ao longo desse túnel passa uma esteira rolante que leva lentamente o visitante, dando a todos oportunidades iguais de observarem os animais que transitam ao redor e por sobre as cabeças,

sem que ninguém atrapalhe ninguém. É uma atração imperdível. Visite https://www.ripleyaquariums.com/canada/ para mais informações.

- *Toronto Islands*: Pegue o *ferry boat* para as ilhas Toronto na Queen's Quay West esquina com a Bay street. No site http://www.toronto.ca/parks/island/ você poderá verificar qual é a ilha que mais te agrada. Cheque no balcão de informações qual o *ferry* você deve pegar segundo a sua escolha. Chegando lá, alugue caiaques e bicicletas e vá conhecer as ilhas (informe-se sobre o ponto de devolução das bicicletas). Você pode levar uma mochila e guardá-la nos armários de aluguel por dois dólares canadenses, mas cada vez que você destrancar o armário, deverá pagar novamente se quiser continuar usando-o. Dá para passar o dia inteiro por lá.

- Bicicletas: Perto do local onde você pega o *ferry boat* há bicicletas para alugar caso você queira conhecer a cidade pedalando, sem pagar os estacionamentos, que são absurdamente caros. Mas acho que para visitar as Toronto Islands, o melhor é alugar uma na própria ilha.

- *Tour* de ônibus: Qualquer hotel da cidade vende o *ticket* para esse *tour*, mas você também pode comprá-lo pelo site. Custa cerca de 40 dólares por pessoa. O passeio que estou sugerindo é o Toronto Double-decker City Tour. Veja em http://www.citysightseeingtoronto.com/. Há algumas vantagens na compra desse tour, que irá te levar obrigatoriamente para as prefeituras velha e nova, para a CN Tower, o Rogers Centre, o Eaton Centre, o Parliament[22], a Casa Loma, o Royal

---

22 Ottawa é a Capital do Canadá e Toronto é a capital de Ontario. Esse parlamento

Ontario Museum, o Bata Shoe Museum, o Hockey Hall da fama, o Distillery District e o Saint Lawrence Market. Essas últimas atrações ficam na parte antiga da cidade, que é linda e é onde está o Royal Fairmont Hotel, onde os Chefes de Estado costumam se hospedar. Todos esses são pontos turísticos, mas eu estou indicando particularmente os que considero os melhores. Descrevo todos a seguir.

– *Eaton Centre*: É o maior shopping center da região, localizado na Yonge Street. Seu teto de vidro é simplesmente divino. Vale pela arquitetura. Os preços são parecidos com os do resto da cidade e conseguimos algumas boas promoções por lá, principalmente na Sears, no setor de marcas famosas. Visite https://www.cfshops.com/toronto-eaton-centre.html

– *Hudson's Bay Company*, ou The Bay, como é popularmente conhecida é uma loja de departamento canadense e está localizada na Bay Street, mas também pode ser acessada pela passarela que a liga ao Eaton Center. A The Bay é a mais antiga corporação do Canadá (1870) e uma das mais antigas do mundo ainda em atividade. Antes de se tornar loja de departamento, controlava o comércio de peles na América do Norte. Visite https://www.thebay.com/webapp/wcs/stores/servlet/en/thebay

– *Royal Ontario Museum*: se você gosta de história Natural, esse é o lugar certo para ir. Imperdível. Acho que pouco deixa a dever ao famoso museu de história natural de Nova Iorque. É necessário reservar um dia inteiro para a visita. Mais informações em www.rom.on.ca.

é referente à província de Ontário.

- *Casa Loma*: É uma mansão espetacular que o ex milionário Sir Henry Mill Pellatt construiu para morar. Antes do final da construção, o empresário perdeu o monopólio da energia elétrica em favor do poder público. Após outros revezes, todos os seus bens foram confiscados levando-o a ruína. A casa, que até 1914 era a maior da América do Norte, está aberta para visitação e vem agradando aos turistas. Veja em www.casaloma.org
- *Ontario Science Center*: É um dos meus prediletos. Trata-se de um centro de ciências onde temos experiências sensoriais. Ali, todos os fenômenos físicos apresentados são explicados e provados. Há um minitornado, uma minifloresta tropical perfeita até no cheiro e na umidade, há exposições de alto nível, cinemas IMAX, um observatório e oferta de exposições exclusivas, como a do Leonardo da Vinci. Para crianças e adultos passarem o dia. Visite http://www.ontariosciencecentre.ca/ e decida se faz o seu gosto. O local é enorme e muito bem apresentado.
- *Ontario Place*: é um complexo cultural de lazer e entretenimento instalado em três ilhas artificiais do lago Ontário. É o paraíso das crianças, com parque aquático, labirintos, minigolfe, jogos virtuais e interativos, carrinhos elétricos e um Cinesphere IMAX. Também é passeio para o dia inteiro. Veja em www.ontarioplace.com.
- A *Legoland* fica em Vaughan, ao Norte de Toronto, e é a alegria das crianças. Tem uma sala com uma réplica do centro de Toronto construída em Lego e diversas outras atrações. Visite https://www.legolanddiscoverycentre.ca/toronto/ e verifique as promoções.

- O *Lion Safari* é sucesso garantido para as crianças, onde os animais têm espaço e são bem tratados. Programa para o dia inteiro. Não esqueça de levar uma câmera com um bom zoom para capturar melhores fotografias. Visite http://www.lionsafari.com/planyourtrip/attractions para mais informações.

- *The Distillery District*: é a velha destilaria que fica na parte leste da Front Street. Mantiveram-se a arquitetura da destilaria e a transformaram em galerias de arte e restaurantes. http://www.thedistillerydistrict.com/

- *St Lawrence Market*: É um mercado com produtos típicos, muito agradável, porém o preço é "salgado". Almoçar ali tem seu charme, mas eu deixaria para fazer compras por um preço mais camarada nos supermercados locais. Visite http://www.stlawrencemarket.com/. Nesse trecho da Front Street, aos domingos, há uma feira para cães. Eles levam seus donos para passear e fazer compras que sejam de seu interesse.

DICAS DA
Shows e esportes:

- *Shows:* Em Toronto, mais especificamente na Queen e na King Street há teatros com shows da Broadway. Para quem gosta de musicais, é um prato cheio. Mas se você quer assistir a um show Torontoniense, assista ao musical adaptado do filme trash "*Evil Dead*", do diretor de "Homem Aranha", Sam Raimi, com direito a *splatter zone*. Saí do teatro com dor nas bochechas de tanto rir. Veja se faz o seu gênero em http://evildeadthemusical.com/toronto/

INGLÊS	PORTUGUÊS
Splatter zone	Área da plateia do teatro onde o público sabe que será atingido por líquidos e similares que podem sujar.

- *Hockey Hall of Fame*: é um museu sobre *hockey*, seus jogadores e a história do esporte. Há uma sala onde você pode treinar algumas jogadas e tentar marcar um gol. É um lugar bastante badalado pelos norte-americanos e para quem curte *hockey*. https://www.hhof.com/
- *Rogers Centre*: é o estádio dos Blue Jays, time de *baseball* da cidade de Toronto, e fica ao lado da CN Tower. Visite http://www.rogerscentre.com/ e veja se há algum jogo nos dias em que você estará pela cidade. Nós fomos a um jogo e nos surpreendemos. É verdade que havia alguém para nos explicar as regras e, talvez por isso, tenhamos gostado.
- *The Air Canada Centre*: é um espaço de entretenimento onde acontecem shows e partidas oficiais de basquete, curling, voleibol, dentre outros esportes. Visite http://www.theaircanadacentre.com/ para mais para informações.
- A *Universidade de Toronto* também sedia torneios internacionais, como o Aberto de Tênis de Toronto, em agosto.
- *Curling*: Há inúmeros clubes de *curling* espalhados pelo país. Esse é o esporte nacional de inverno, juntamente com o *hockey*. Os canadenses venceram dezenas de campeonatos mundiais e olímpicos desse esporte tão diferente. Faça uma busca pelo clube mais próximo da sua localidade no Google Maps digitando "curling

club", telefone e se informe sobre horário de partidas e sobre a oportunidade de experimentar lançar algumas pedras sobre o gelo. O site do clube em Oakville é www.oakvillecurlingclub.com.

- *Glen Eden*: Se for inverno, experimente esquiar e fazer *tobogganing* e *tubbing*[23] no Glen Eden, na região norte do GTA. Eles alugam o equipamento, mas não as roupas, que podem ser adquiridas a preços simpáticos nas lojas de departamento. Visite http://gleneden.on.ca/.

- *Esporte aventura:* Se você curte canoagem e esporte aventura, o sul de Ontário tem de sobra, mas como é o tipo de esporte que depende de temporada, fica mais fácil se informar nos balcões espalhados pela cidade.

- Compre tickets para shows e jogos esportivos através de www.ticketmaster.ca.

DICAS DA Lila
De uma a duas horas de Toronto:

- *Rattlesnake Point* é uma área de ecoturismo ao norte de Halton, em Milton, a cerca de uma hora de Toronto, lindíssima e que vale a pena ser visitada. Cheque em http://www.conservationhalton.ca/rattlesnake-point.

- *Springridge Farm* é uma fazenda de morangos com atividades para crianças. Você pode colher os morangos que quiser comprar. Há, ainda, uma loja de guloseimas, lembranças e, como não poderia deixar de ser, deliciosas tortas de morango. Visite www.springridgefarm.com.

- *Crawford Lake* é uma área de conservação ambiental que abriga uma vila Iroquoian, denominação dos primeiros

---

23   Descida de ladeira em pranchas e boias, respectivamente.

habitantes da região. A preservação das ocas e dos objetos é impressionante. Visite http://www.conservationhalton.ca/crawford-lake para mais informações.

– *Long Point*, à beira do Lago Erie, e *Pinery*, à beira do lago Huron, são boas opções de praia, sendo que a última fica dentro de uma reserva florestal, cujo rio de mesmo nome é navegável por canoas e caiaques. Belíssimos passeios para verão e outono. É permitido acampar nos dois lugares.

– *Algónquin Provincial Park* é o predileto para se acampar, mas fica a quatro horas de Toronto http://www.algonquinpark.on.ca/visit/camping/.

– *Niagara Falls* e *Niagara Parkway*: Se você nunca foi à Foz do Iguaçú, certamente irá gostar de Niagara, que fica a pouco menos de duas horas de Toronto. As cataratas são muito bonitas e a cidade é uma gracinha. Oriente o GPS para 5920 Niagara Parkway para chegar na cidade e embarcar no *Maid of the Mist*, o barco que o levará sob as Cataratas. Você também pode subir na *Skylon Tower* para ter uma visão panorâmica. Lá em cima, há um restaurante panorâmico. Outra opção de jantar pode ser ir a um dos diversos cassinos da cidade. Visite www.discovernigara.com e veja que na cidade há o *Botanic Gardens and Conservatory*, onde são criadas borboletas. Há também museus e o próprio parque, que é deslumbrante.

– *Vinícolas*: No caminho para Niagara você poderá ver diversas vinícolas. Muitas são abertas para visitação e é possível degustar os seus vinhos. Peça pelo Ice Wine, um vinho produzido com uvas congeladas, bastante adocicado e de paladar suave.

- *Caminho agradável:* Se quiser conhecer duas lindas cidadezinhas no caminho de Niagara, direcione o GPS para o seguinte trajeto: Trafalgar Rd, Oakville, direção sul. Siga até a Lakeshore Road West e continue nela na direção oeste. Essa rua passa pelo centro de Oakville e de Burlington, duas cidades lindas! Ao longo da Lakeshore é possível encontrar casas com o maior preço por metro quadrado do sul de Ontário. As casas, ruas e parques ao longo dessa via são deslumbrantes.

- *St Jacobs* é uma dica de passeio rural muito bonito e agradável, com direito à quitutes rurais. Veja em www.stjacobs.com

- *Hotéis de inverno*: Bayview Wildwood Resort, Horseshoe Valley, Blue Mountain, Barrie e Oshawa. Os arredores de Vancouver, Montreal e Ottawa também têm lugares fabulosos.

DICAS DA
Para comer:

- Se você curte hamburguer, não pode deixar de ir ao Heroes. Trata-se de um *homeburger* muito saboroso. Em Toronto há diversos. Visite http://www.heroburgers.com. Peça Poutine, que é uma batata frita com queijo derretido e molho parecido com o nosso molho madeira. Os canadenses estão tentando transformar esse prato na marca registrada do Canadá, juntamente com o *maple syrup*. Você pode comer essa batata em qualquer canto da cidade, ok?

- Almoce no restaurante *Batton Rouge*, 277 Front Street West ou em qualquer outra filial. Achei a relação custo/

benefício ótima. Os pratos são muito bem servidos, deliciosos, o ambiente é agradável e o serviço, excelente. http://www.batonrougerestaurants.com.

– Considere almoçar ou jantar no restaurante *Snug Harbour*, 14 Stavenbank Road South, em Port Credit. É um restaurante simples, com uma decoração bem diferente, à beira do rio e do lago Ontário e ao lado de uma marina. Acesso pelo GO train, linha Lakeshore West, a 20 minutos de Toronto. O local é muito bonito e a comida é excelente. Veja em http://www.snugharbourrestaurant.com.

– Tome um sorvete da *Baskin-Robbins Ice Cream*. É divino! Na Queen's Quay West, perto das ilhas Toronto há uma loja. A torta de sorvete deles também é excelente. Procure a loja mais próxima em http://www.baskinrobbins.ca/en/

– Experimente o chá da tarde do *Windsor Arms Hotel*, próximo ao *Royal Ontario Museum*. Elegância, requinte e sabor por um preço justo. O menu é fantástico e o local, belíssimo. Verifique em http://windsorarmshotel.com/dining/

– Aonde quer que você vá preste atenção aos cupons promocionais. É possível obter bons descontos utilizando-os.

Toronto é uma cidade deliciosa. O que mais gosto dali são as pessoas, sempre amáveis e amigáveis, não deixe de observar isso. Porém, não se esqueça de algumas coisas importantes: Não fique a menos de um metro de ninguém e nem toque as pessoas sem motivo. Em locais onde há serviço, a gorjeta é de 13 a 20%. Se for dirigir, lembre-se de que é permitido virar à direita mesmo com o sinal fechado (exceto se houver placa dizendo o contrário), mas tome cuidado com os pedestres, eles têm sempre prioridade, ainda que o sinal de trânsito esteja aberto para você.

AS ESTAÇÕES DO ANO – NÃO SÓ AS ÁRVORES TROCAM DE ROUPA

Uma coisa bacana de se morar no sul do Canadá é poder ter estações do ano muito bem definidas. E a melhor forma para se admirar isso é estar relaxada. Finalmente eu estava curtindo.

Pude vivenciar a primavera, quando as flores surgem e desabrocham, as árvores ganham novas folhas, o verde é claro e vibrante e os animais silvestres começam a circular pelas ruas e jardins. No verão, a vegetação é densa e de um verde mais escuro, as flores estão em seu esplendor e os animais, bem como as pessoas, se entocam, fugindo do calor. No outono, a vegetação começa a ganhar um dégradé que vai do verde, passando pelo amarelo e vermelho até chegar ao marrom. Os animais voltam a circular, e é possível perceber muitos filhotinhos perambulando livremente pelas ruas e jardins. Então, o tempo vai esfriando, as folhas das árvores caem completamente, e eis que o inverno chega. A paisagem fica completamente branca, os animais somem novamente, e só vemos crianças brincando na frente das suas casas após a aula e alguns adultos limpando as calçadas ou fazendo *jogging*.

Qualquer pessoa que viva em um país tropical imaginaria que no inverno tudo é mais difícil, que as lojas têm um expediente menor e que no verão aproveita-se para mantê-las abertas por mais tempo, para se ganhar mais dinheiro. Pois esse pensamento é um engano, pelo menos no sul do Canadá, onde, no verão, o dia costuma amanhecer pouco depois das quatro horas da manhã e só escurece às dez da noite. São apenas seis horas de escuridão e, naturalmente, essa diferença se acentua quanto mais ao norte você estiver.

No verão, parece que as pessoas "surtam". Como eu já enfatizei, é muito complicado marcar qualquer compromisso de última hora nos fins de semana, pois todos já têm programas agendados desde o inverno, principalmente viagens. Há pessoas que acampam *sempre* que há uma folga. As lojas fecham mais cedo e, quem pode, dá um jeito de trabalhar um dia a menos a cada uma ou duas semanas, de modo a sobrar mais tempo para aproveitar os dias longos para fazer esporte, passear ou viajar.

É comum olhar para o lago Ontario às cinco da tarde e vê-lo salpicado de velas coloridas, grandes e pequenas. As pessoas saem do trabalho e vão velejar. O lago fica que é pura vida. Lindo demais, bem o oposto das ruas vazias.

No verão era complicado colocar o Lucas para dormir, pois ele me perguntava, noite após noite, porque tinha que ir dormir se ainda estava de dia. Ele dormia às 20h e o sol só se punha às 22h.

No inverno acontecia o inverso. O sol começava a despontar no horizonte às 8h da manhã e também era um problema para acordar o Lucas, pois ele costumava perguntar porque precisava se levantar se ainda era noite.

Peguei uma bola de futebol, desenhei o planeta e usei uma lanterna como sol para ajudá-lo a entender. Ele parou de perguntar após essa explicação, pelo menos até o próximo inverno, quando, após oito horas de claridade, às quatro horas da tarde começava a escurecer.

Quando há muita neve, os dias parecem mais curtos ainda, pois as nuvens carregadas tampam a luz do sol. Mas nos dias límpidos, eu adorava chegar na escola vendo o sol me dizer bom dia.

Para nós, da tropicália, a neve tem duas facetas: a apavorante e a bonita. Mas ela é bem mais do que isso. É a oportunidade de, por alguns meses no ano, vermos uma paisagem diferente, de praticarmos esportes diferentes – e por que não dizer, muito charmosos, de nos vestirmos diferente e, principalmente, de nos solidarizarmos. Quando o frio aperta, as pessoas são muito mais gentis e amáveis, seguram a porta umas para as outras – mais do que usualmente, ajudam com as compras e são mais pacientes.

Da mesma maneira que podemos sentir a mudança das estações na natureza, também sentimos nas roupas das pessoas e na bagagem que carregam. Não! Não falarei que as pessoas precisam de mais roupas no inverno, pois isso é óbvio demais. Com a troca das estações, trocam-se também os esportes e, por consequência, as "fantasias". Esportes como *Baseball*, *Hockey*, *football*, tênis, *rugby*, patinação no gelo e golfe possuem roupas e/ou equipamentos característicos.

Enquanto no verão as pessoas procuram esportes *outdoors*[24] como o tênis, o *soccer*, o *football*, o *rugby*, o *baseball*, o golfe, a vela e o atletismo, no inverno, todo esse equipamento fica guardado nas garagens e as pessoas vão jogar *hockey*, fazer patinação no gelo, esquiar na neve, fazer *tobogganing*, jogar *curling*, voleibol, basquete e *squash*, além de, obrigatoriamente, brincar de fazer bonecos de neve e guerrinha de bolas de neve. Elas se travestem com suas fantasias esportivas e arrastam suas bolsas com o equipamento atrás de si, para aproveitar aqueles poucos meses antes de terem que trocar novamente as vestimentas e seus apetrechos.

É claro que há pessoas fiéis ao próprio esporte, como eu, que jogo squash o ano inteiro, mas isso é compreensível, pois a quadra é climatizada. O que eu custava a entender eram as pessoas que gostavam de correr na rua, e o faziam até mesmo com -15°C. Não era incomum ver mulheres empurrando carrinhos com crianças dentro, em ritmo de *jogging*, o ano

---

24   Praticados em ambiente externo.

inteiro. O carrinho ficava todo vedado e protegido, mas me pergunto se não seria mais confortável procurar uma esteira em uma academia ou ter uma esteira em casa, pois não falta espaço nas casas... pelo menos, foi isso o que fiz quando a temperatura chegou a 2ºC.

Da mesma maneira que no final do inverno as pessoas se sentem completamente ansiosas pelo calor e começam a planejar acampamentos e passeios em reservas florestais, no final do verão já começam a falar em neve e a fazer planos para ir esquiar, ver os ursos polares e a aurora boreal. É impressionante o dinamismo que esse povo tem, a facilidade de trocar de um esporte para o outro a cada estação e depois retomá-los no ano seguinte. Eles não param nunca! Talvez você diga que é necessidade, uma questão de sobrevivência, mas ainda assim eu os admiro muito!

 *E-mail #14*

De: Lila Kuhlmann
Enviado: Domingo, 07 de outubro de 2012 13:10
Assunto: Notícias 14

Queridos,

O outono chegou, as árvores mudaram de cor e paisagem está deslumbrante com tons que vão do verde, passando pelo amarelo, laranja, vermelho e marrom. Não é a minha estação favorita, mas é a que eu acho mais bonita, sem sombra de dúvida!

Para nossa surpresa, já tivemos 0°C mais de uma vez, bem atípico para o período. Fiquei ansiosa me perguntando quando começaria a nevar, juro! Não sei quanto tempo mais ficaremos por aqui, se o próximo inverno será o nosso último, e adoraria ver mais neve do que vi até agora! Tá bom, não precisa ser muita neve, apenas quase todo dia um pouquinho, só para deixar o cenário branquinho, sem muito frio. Será que consigo a encomenda?

235

Nosso final de verão acabou sendo bem movimentado: fomos às praias nos Grandes Lagos, nos reunimos com os nossos amigos para pic-nics, fomos ao Canadá's Wonderland, um parque de diversões com montanhas russas sensacionais, fomos a churrascos e, também, visitamos o Brasil. Precisávamos matar a saudade de quem amamos.

Vocês não têm ideia da alegria que sentimos ao ver cada um de vocês, o quanto nos sentimos importantes com as visitas e telefonemas que recebemos. Foi como se esse último ano não tivesse existido, como se tudo fosse como antes. A recepção no aeroporto, as visitas, o show da melhor banda do mundo[25], nada, nada, *nada* é mais importante do que as pessoas. Vocês são insubstituíveis.

Estamos de volta ao Hemisfério Norte renovados. Tivemos muito tempo e tranquilidade para refletir sobre os últimos 432 dias e percebemos que fizemos um bom trabalho por aqui. Podemos até dizer que estamos adaptados ao Canadá. Demorou bem mais do que imaginávamos e menos do que a maioria das pessoas que conhecemos aqui supôs, mas estamos todos levando a vida como levaríamos no Brasil: com naturalidade.

Não precisamos mais vigiar a distância entre as pessoas da fila ou tomar cuidado para espirrar da forma correta, tudo é automático. Pagar ou comprar qualquer coisa é "moleza" e os terminais de autoatendimento são maravilhosos! Conheço todo mundo na agência do banco, os atendentes do mercado e da farmácia me

---

25   A banda Alforria é composta por amigos nossos e faz cover de conjuntos de rock dos anos 80. Eles deram um show na nossa festa de despedida e, também, para celebrar a nossa visita ao Brasil. Eu os adoro!

cumprimentam como uma velha conhecida. No squash, todos perguntam o que houve quando não vamos jogar.

Temos amigos de diversas nacionalidades, mas, principalmente, canadenses e brasileiros. Esses últimos, aliás, nos incluíram na grande família brasileira que, de vez em quando, se encontra por algumas horinhas. Então, nos sentimos no Brasil novamente. Somos todos como uma segunda família porque cuidamos uns dos outros.

E meus vizinhos, ahhh, meus vizinhos são um carinho! Vocês podem dizer que somos simpáticos e abertos, mas nós temos muita sorte também. Só temos vizinhos agradáveis e amigáveis. Ok, sinto falta de ouvir todo mundo comemorando na hora do gol do Brasil, do meu time e até mesmo do time adversário, mas não dá *pra* ter tudo, né?

O mais bacana é olhar para trás e ver o quanto crescemos. Ampliamos a nossa zona de conforto simplesmente saindo dela por um tempo. Alguns valores que tínhamos foram reforçados, como a importância da família e dos amigos. Outros, tais como organização, solidariedade e inclusão, nós vivenciamos e assimilamos de uma maneira natural, salutar e que dá uma sensação de satisfação muito grande.

Aprendemos a nos conhecer mutuamente e a nós mesmos um pouco mais. Temos ajudado uns aos outros a crescer e a enfrentar os próprios fantasmas com mais humildade. Aqui em casa, mostrar-se vulnerável passou a ser sinal de coragem: coragem de se expor, de enfrentar os próprios medos, de pedir ajuda.

E isso aconteceu justamente por termos apenas a nós mesmos durante tanto tempo. Crescer nunca nos deu tanta satisfação. É uma sensação de vitória diferente, quase diária.

Percebemos o mesmo nas famílias de imigrantes brasileiros que vivem aqui há mais tempo. Há um sentimento de união maior, um senso de cooperação mais aprofundado e olhares mais amorosos para com o próximo. Isso tudo nos fez muito bem.

Agora que estamos mais relaxados, nos permitimos aproveitar esses novos sentimentos com um prazer maior e com a sensação de estarmos no caminho certo. O planeta subitamente ficou menor. É muito bom poder dizer que nós nos sentimos parte daqui.

ERRAR É HUMANO

E com vocês, o "portuglês":

– Eles não iram (foram).

– Isso é muito bad – (*This is too bad*. Substituiu a palavra "ruim" por "*bad*" quando queria dizer que "isso é muito ruim").

– Diálogo:

Eu: filho, agora que você está usando aparelho ortodôntico, precisará cuidar dos seus dentes com mais seriedade.

Filho: o que é seriedade?

Eu: de qual palavra você acha que vem seriedade?

Filho: de cereal?

Um super beijo, cheio de saudade, mas também muito mais certa de quem eu sou, sempre,
　　Lila

SEGURANÇA

Em 2010, Oakville foi considerada a segunda cidade mais segura do mundo. E devia ser mesmo. A quantidade de vezes que saí e esqueci a porta da nossa garagem aberta é algo intolerável no Rio de Janeiro. Dentro da garagem, há uma porta de acesso para a casa, a qual nunca trancamos. Também há bicicletas, patinetes, patins e diversos objetos soltos ali dentro. Nunca senti falta de nada. Apenas, ocasionalmente, encontrava o nosso lixo derrubado no chão. Talvez as pessoas não mexam nas suas coisas, mas os guaxinins, sim.

Na região onde moramos, as crianças costumam deixar brinquedos jogados nos jardins que margeiam a rua e só vamos percebê-los no dia seguinte, quando saímos de casa. Ninguém mexe em nada. Certa vez, eu passeava por Toronto e esqueci meu cachecol no banco da praça. Retornei meia hora depois e o encontrei amarrado em um galho de árvore. Alguém fez o favor de prendê-lo, de modo que não voasse com o vento.

ESCUTA ESSA!

– Não é incomum vermos objetos no chão e passarmos direto por eles. Quem perdeu virá procurar pelo caminho, esse é o raciocínio de todos.

Creio que há dois motivos para tanta segurança: um deles, e provavelmente o mais determinante, é o fato de esta ser uma sociedade onde as diferenças sociais são mitigadas por uma política de governo e cultura voltadas para o bem-estar social e redução das desigualdades. O outro é a qualidade da segurança pública.

No Canadá, os policiais são profissionais extremamente respeitados e têm fama de capazes e educados. Ninguém duvida da sua integridade. É impressionante como a população gosta e confia neles.

Em toda a Grande Toronto, há policiais e carros de polícia à paisana. Você está dirigindo e, de repente, ouve uma sirene. Quando olha ao redor, vê um carro comum com um monte de luzes piscando, mas que, quando estão apagadas, são imperceptíveis. Por algumas vezes fui acompanhada por um carro de polícia durante alguns quilômetros. Eles checam a placa e verificam se há algum aviso de segurança, algo errado com o carro ou com a maneira com que você está dirigindo.

Certa vez, fui parada por estar conduzindo o meu carro bem pouco acima do limite de velocidade local. O oficial me pediu os documentos e disse para eu tomar mais cuidado. Quase todos os dias se vê alguém sendo abordado por um policial. Eles também ficam parados nos grandes estacionamentos vigiando como os motoristas conduzem seus veículos, se colocaram o cinto de segurança, se dirigem em velocidade compatível ao local, se param para os pedestres. Fez besteira, eles te interceptam.

Diferentemente do Brasil, cuja tolerância ao consumo de álcool é zero para o motorista, em Ontário, há a tolerância do equivalente a um *drink*. Nós fomos parados em uma blitz apenas uma vez. Era eu quem dirigia, pois Alan havia tomado duas cervejas. O oficial perguntou se eu havia bebido, observou as crianças no banco traseiro, e conversou comigo, sempre muito amistoso e agradável. Estava claro que ele testava as minhas reações, talvez o meu hálito, mas não me senti pressionada em nenhum momento. Parecia um "papinho" entre conhecidos. Após alguns minutos, me desejou boa noite e me liberou para seguir o meu caminho.

Uma vez por ano, eu recebia um formulário com cerca de dez páginas para preencher. Era da polícia de Halton, distrito onde eu vivia. Eles queriam saber qual era o meu grau de satisfação com o trânsito e a segurança, e pediam sugestões.

Por pelo menos três vezes, recebi avisos da polícia informando relatos de pessoas "perigosas" rondando determinada área e que deveríamos ficar atentos e orientar os nossos filhos. Esse aviso chegou através das escolas das crianças, que têm o meu e-mail no banco de dados. Funciona assim: a polícia identifica o risco, encaminha o aviso para as escolas e essas o distribuem para os responsáveis pelos estudantes matriculados, via e-mail.

É claro que isso se torna mais fácil de executar quando falamos de um distrito com apenas quatro cidades, Oakville, Burlington, Milton e Halton Hills, o que totaliza menos de um milhão de habitantes e todos têm acesso à internet.

Toronto possui quatro milhões de habitantes e é considerada uma das cidades mais violentas do Canadá. Em 2010, chegaram a registrar vinte homicídios em um ano. Isso mesmo, *vinte* – quase todos ligados a drogas. Quase ri, quando recebi essa informação, mas como eles não entenderiam o meu sarcasmo, o guardei para mim mesma. No Brasil, há um homicídio a cada dez minutos.

Além de terem fama de competentes e honestos, os policiais canadenses se apresentam sempre alinhados, comportam-se com cortesia e têm boa postura, o que aumenta o ar de autoridade e respeito. Foi uma experiência interessante ter sido parada por policiais e me sentir protegida. Gostaria que todas as polícias no mundo fossem assim.

FLUÊNCIA É QUESTÃO DE COMPARAÇÃO

Após pouco mais de um ano vivendo no Canadá, começamos uma sequência bem-sucedida de repetições do que fizemos no período anterior, com o acréscimo de mais viagens e passeios. Digo bem-sucedida, pois agora tínhamos leveza para curtir tudo, desde as obrigações até os prazeres.

Nós já estávamos no "piloto automático": não precisávamos mais vigiar cada movimento nosso ou prestar atenção em caminhos e regras de direção, o inglês estava completamente instalado em nossas mentes a ponto de incorporarmos algumas expressões ao português e de sonharmos nesse idioma. A comunicação fluía e isso nos dava liberdade para curtir a beleza de cada momento.

Ainda bem, pois eu cometi muitas gafes nos primeiros meses, como, por exemplo, o dia em que saí desejando *Happy Oyster* para todo mundo. Alice me perguntou porque eu estava desejando "feliz ostra" em vez de "feliz Páscoa". Ok, já sei que eu deveria estar desejando *Happy Easter*, mas tenho uma boa desculpa: *Oyster* tem pronúncia parecida com *Oster*, que significa Páscoa em alemão, idioma que cursei por dois anos tempos antes. Mas ninguém me corrigiu, ninguém! Embaraçoso!

Eu confundia as palavras *angry* (bravo) com *hungry* (fome) e perguntava aos amigos do Erik se estavam bravos em vez de perguntar se estavam com fome.

Também descobri que a expressão adequada para dizer que você está pronto para iniciar um esporte após fazer o aquecimento é "*I'm warmed up*" e não "*I'm hot*". Essa última pode dar margem a dupla interpretação. Há ainda outras situações mais embaraçosas que prefiro não citar por escrito, mas que nos proporcionaram muitas gargalhadas após passado o embaraço.

INGLÊS	PORTUGUÊS
I'm warmed up	Eu estou aquecida.
I'm hot	Eu estou ou sou quente!

Mas, após pouco mais de um ano, tudo isso estava superado e eu já não cometia mais deslizes como esses.

Pessoalmente, a coisa que mais me dava alegria era poder me comunicar eficazmente e compreender não apenas as palavras que me eram ditas, mas o significado que havia por detrás delas.

ESCUTA ESSA!
– Para entender o assunto, ser capaz de tecer comentários pertinentes e fazer questionamentos, não basta conhecer a língua, também é necessário estar inserido no contexto social, conhecer a cultura local e estar atualizado com as notícias.

Ser capaz de falar com aquelas pessoas sobre os seus interesses e poder fazer considerações a respeito era um presente para mim. Entender quando elas falavam do prefeito da cidade, ou sobre as preocupações do bairro e da escola era muito gratificante.

Apenas o tempo e o esforço pessoal permitem que essas habilidades aflorem quando se está em um país estrangeiro. Enquanto não tem esse conhecimento, o imigrante, mesmo nativo na língua do país em que se encontra, sente-se à margem dos assuntos.

Outra questão a ser considerada no fator adaptação à língua é a idade. Por mais que um adulto estude ou se esforce, dificilmente será tão fluente quanto em seu idioma natal e terá algum sotaque, por certo. Salvo poucas exceções, essa discrepância entre idade e capacidade tende a aumentar quanto mais tarde se aprende a nova língua.

Você pode dizer que o tempo cura e pode até ser verdade, mas isso acontece em doses homeopáticas e há que se ter muita paciência e perseverança.

No meu caso, em especial, apesar de reconhecer o meu progresso contínuo e ser considerada fluente em inglês, eu tinha a impressão de que jamais internalizaria completamente o idioma. Eu precisava de muita concentração para me expressar adequadamente. Ainda que eu alcançasse o meu objetivo de comunicação com sucesso, aquilo era exaustivo.

Quando eu conversava sobre assuntos que dominava, me saía bem, mas quando o tema era novo para mim, eu me sentia bastante desconfortável, pois acontecia de não só faltar vocabulário para eu me expressar, como também para compreender o que era falado. Essa sensação de inadequação me deixava bastante insegura e funcionava como uma âncora em diversas ocasiões, e eu voltava a ser uma estranha no ninho.

Eu não fazia ideia, mas, meses depois, eu descobriria a raiz dessa dificuldade linguística, uma herança genética, a qual será explicada no último capítulo desse livro.

PARTE 7

RE-ESCOLHENDO

 *E-mail #15*

De: Lila Kuhlmann
Enviado: Terça-feira, 26 de fevereiro de 2013 12:01
Assunto: Notícias 15

Queridos amigos,

Neste momento sinto-me muito grata por estar viva. Não me considero uma pessoa que precisa passar por situações de risco para ser grata por tudo o que tenho e sou, mas acho que elas reforçam esse sentimento.

Há pouco mais de uma hora, Alan e eu estávamos voando da Islândia para Boston quando o comissário anunciou que o avião estava retornando para a capital Reykjavik devido a uma falha mecânica. Imediatamente me lembrei da série televisiva "Lost". Eu estava sentada na saída de emergência do avião e pensei: "será que é hoje que eu terei de usar essa porta?". Depois completei meu pensamento: "será que eu terei *oportunidade* de usar a saída de emergência?".

Quando vi a aeromoça pedir para uma passageira, a qual se sentava na outra saída de emergência, que colocasse a bolsa no compartimento acima de nossas cabeças, comecei a suar embaixo dos braços. Pensei nos meus filhos e em tudo o que queria fazer com eles e que o ser humano não foi feito para voar. Decidi escrever para tentar relaxar.

Fomos à Islândia em comemoração aos nossos 24 anos de relacionamento. Foi uma viagem linda! Pretendíamos ver a Aurora Boreal, mas não conseguimos devido ao tempo estar encoberto todas as noites. Agora eu tenho uma desculpa para voltar lá! Recomendo, pois o país é deslumbrante, acolhedor e mágico!

Agora, darei as últimas notícias da família enquanto retornamos dessa linda viagem, fingindo que nada me aflige:

Lucas já sabe somar em inglês e gosta de achar palavrinhas com o som das letras que ele conhece.

Alice recebeu um *award* pela *outstanding*[26] performance no último ano letivo. Teve a melhor nota da escola em duas matérias, uma delas é o Inglês(!). Também foi premiada por ter sete matérias com mais de 90% de aproveitamento e uma com 87%. Parabéns, filhota!

Erik está "arrebentando" na *High School* e também foi mega-premiado, como a Alice. Porém, meu filho está escrevendo mal em português e recomendei que lesse mais livros no nosso idioma. E pensar

---

26 Alice recebeu um prêmio pela excepcional performance. A essa altura eu misturava os dois idiomas, naturalmente, sem perceber.

que ele estava preocupado com a própria adaptação ao inglês...

Alan está maravilhoso, como sempre. A saúde dele vem melhorando muito e ele está mais bem-disposto.

Passamos da fase de assistir séries com legenda em inglês e começamos a assistir sem legenda. Só conseguimos porque são filmes sem barulheira. Se tiver muito barulho, como em "Os Vingadores", a gente não entende os diálogos.

Eu continuo fazendo trabalho voluntário na escola do Lucas, o que me faz muito bem, e estou cozinhando "de verdade". Também tenho lido diversos livros em inglês com fluidez surpreendente: quase um livro por semana.

Apesar de gostar de viver no Canadá e aproveitar o que ele tem para me oferecer, eu sinto muita falta das pessoas e do jeito de ser alegre e brincalhão do brasileiro. Adoro as pessoas com quem convivo aqui e tenho carinho especial por algumas, porém sinto falta da intimidade e da leveza do meu povo.

Como não se pode ter tudo, eu consegui algo que queria muito: neve! Toda a neve que deveria ter caído no ano passado está caindo neste inverno. Tem sido tanta quantidade que a nossa viagem para a Islândia teve de ser remarcada duas vezes.

Tenho me divertido brincando do lado de fora de casa e tirando neve da calçada. Sim, ADORO! Gosto do exercício e de me encontrar com as pessoas lá fora com a pá na mão. É super social!

Tenho jogado curling pelo menos duas vezes por semana e as pessoas dizem que estou jogando melhor do que muitas que o fazem há três anos. Isso é um grande elogio. O curling é um esporte difícil porque exige equilíbrio, resistência muscular, alongamento, suavidade e controle do movimento, além de ser jogado sobre o gelo (estou me exibindo rsrs). Sei que quando voltar para o Brasil morrerei de saudade e aproveito cada segundo que posso.

Algumas curiosidades locais:

Descobrimos que guaxinins são animais muito espertos: ainda no outono, esquecemos a porta da garagem aberta por mais de uma vez e, pela manhã, vimos o lixo-comida todo esparramado pela garagem. Que sujeira, que mal cheiro! Eles sabem abrir a trava da lata-de-lixo e roubam os restos de comida, mas para tanto, espalham tudo pelo chão.

Certa vez, tivemos que trocar um pedaço da grama do quintal e o bicho insistia em levantar o tapete de grama para pegar insetos na terra. A planta não vingava. Então, coloquei uns ferros prendendo o tapete ao chão, para que as raízes pudessem, finalmente, se prender ao solo. Não é que o danado roubou os ferros e levantou o tapete de novo? Eu já estava levando para o lado pessoal e havia decidido fincar uma chave de fenda grande e pesada para prender o tapete no lugar, quando Alan disse " da próxima vez você vai encontrar apenas um bilhete escrito 'obrigado pela ferramenta' ". Mas antes de eu testar a teoria do meu marido, a minha vizinha me deu uma boa dica: espantalhos. Os guaxinins morrem de medo. Até agora, deu certo.

Algum tempo atrás, apareceu um gatinho perdido por aqui. Depois de três dias alimentando-o sem que alguém o reivindicasse, chamei a *Human Society*, equivalente à Sociedade Protetora dos Animais. Em menos de uma hora vieram buscá-lo. Ainda na minha casa, com um aparelho que apita, acharam um *chip* de identificação sob a pele do bichano e, pouco mais de uma hora depois, me ligaram avisando que seus donos estavam indo buscá-lo. Bacana, não é mesmo?

Já vamos pousar e preciso fechar o notebook. Se você recebeu esse e-mail, significa que cheguei bem em casa, pois tive que me conectar para enviá-lo.

ERRAR É HUMANO

Seguem mais pérolas do "portuglês":

– Meu amigo me deixa interagido (era pra ser "meu amigo me deixa agitado". Não tem origem no inglês).

– Mamãe, você pode dirigir o Jason para casa? (*Mom, can you drive Jason home?* Misturou os idiomas trocando a expressão "levar de carro" por "*drive*", que também significa dirigir).

– Eu estava confidente (confiante) de que ia tirar boa nota, mas gestei (gesticulei) muito na apresentação.

– Raridade, Lucas falou português, talvez por influência da nossa visita ao Rio:

Ele: mamãe, hoje eu souei.
Eu: Filho, não é souei, é suei.
Ele: Não, mamãe, eu souei mesmo! Souei que eu estava voando.

```
Não é lindinho?
Estamos aguardando vocês virem nos visitar.
Um super beijo, cheio de carinho,
Lila
```

A PROPOSTA

Apesar de estar viajando e passeando bastante, de estar completamente inserida no contexto social do meu bairro, de participar como voluntária na escola e nos eventos da comunidade, de praticar esportes e fazer parte de uma equipe de *curling*; por mais que eu tenha feito amigos, eu não conseguia me sentir em paz comigo mesma. Eu comecei a sentir falta de trabalhar e de estudar.

Alan e eu conversamos sobre montar um negócio e considerei seriamente a hipótese, na esperança de algo dentro de mim mudar. Mas eu ainda não me sentia apta a gerenciar um negócio em outro idioma. Talvez eu me sentisse capaz mais tarde...

Eu ainda estava amadurecendo essa ideia quando a empresa nos fez uma proposta para nos localizarmos em Toronto. Nesse caso, nós teríamos de pedir residência permanente. Alan se desvincularia profissionalmente do Brasil e o Canadá seria a nossa casa oficial. Nossa ligação com o Brasil passaria a ser estritamente emocional, vista que não tínhamos deixado bens ou negócios para trás.

Enfim, havia chegado a oportunidade pela qual esperávamos: criar os nossos filhos em um lugar seguro, onde imperassem a igualdade social e a solidariedade; em uma sociedade onde o respeito ao próximo e a gentileza fossem valores máximos.

Nós vivíamos uma rotina agradável e tínhamos alguns bons amigos. Voltar a trabalhar e estudar seria uma questão de tempo. Oficializar a nossa permanência era algo por que ansiávamos há muito.

Sabíamos que viveríamos mais "apertados" financeiramente ali do que no Brasil, pois o salário do Alan deixaria de ser o de um expatriado e precisaríamos utilizar as nossas economias para viver. Mas a contrapartida de estarmos inseridos em uma sociedade mais justa e igualitária parecia equilibrar a balança. Não, não havia no que pensar.

Com a mesma sensação de dois anos antes, quando eu não estava certa de estar tomando a melhor decisão, mas acreditando que tínhamos a oportunidade que qualquer pessoa desejaria agarrar, mais uma vez eu disse "sim".

O QUE É FELICIDADE?

Poder dizer "estou adaptado" era um alívio e uma alegria sem tamanho. Tratava-se do fim de um ciclo de esforço, aprendizado e superação.

Para "aprender um novo país" você precisa se expor de modo a adquirir conteúdo para ser capaz de participar do dia-a-dia da sua comunidade. Deve-se praticar os costumes a ponto de eles serem interiorizados e sentidos como regra e não como exceção. Nós havíamos chegado a esse ponto e ficar nos parecia uma decisão natural.

Convivemos por algumas semanas com a escolha de pedirmos a permanência e a cidadania, mas eu não me sentia confortável com ela, apesar de estar ajustada ao lugar. A sensação de vitória que a adaptação trazia não significava, para mim, vontade de permanecer. Era tão somente relacionada ao "dever cumprido" e ao prazer de termos conseguido expandir os nossos horizontes.

Alan percebeu isso em meu comportamento apagado. Então, certo dia, enquanto retornávamos da estação de trem, ele me perguntou: "Você quer voltar, não quer?". Eu assenti silenciosamente. Assim, passamos outro punhado de dias considerando recusar a proposta de permanência.

Eu me sentia mal por querer retornar ao Brasil, afinal de contas, quem não gostaria de viver no Canadá? A minha mente me dizia que deveríamos ficar, mas eu *sentia* que *precisava* partir.

No início, quando tudo era novo e ainda estávamos aprendendo, eu era completamente tolerante com os meus limites. Conforme fui me sentindo adaptada e fluente, percebi que continuava tendo dificuldade para me comunicar em ambientes que não fossem silenciosos. Eu desejava não me sentir exausta após um dia inteiro falando em inglês, me concentrando para compreender o que me era dito, me esforçando permanentemente para conseguir participar de conversas em grupo ou com pessoas com sotaque carregado.

Eu também me sentia incapaz de trabalhar em alguma atividade remunerada porque frequentemente me perdia em comunicações que não fossem meramente quotidianas. Eu tinha medo de ser incapaz de evoluir e me sentia um tanto covarde. A possibilidade de voltar a falar a minha língua no dia-a-dia e de retomar os meus antigos referenciais me traziam uma sensação de alívio inevitável.

Um fator menor, mas que também influenciava a decisão, era a minha necessidade de ser íntima das pessoas para me sentir conectada a elas. Logo quando cheguei, percebi que meu gosto brasileiro por compartilhar vulnerabilidades pessoais e opiniões provocava desconforto ao meu redor e me calei nesse sentido. Eu me sentia um tanto solitária sem essa intimidade no meu dia-a-dia. Não, ninguém tinha culpa. Era uma questão cultural. Embora eu vivesse como os canadenses, fosse querida por aqueles com quem convivia e os adorasse, eu não conseguia *ser* um deles. Aquilo me entristecia.

Para jogar contra a nossa permanência, havia a questão financeira: ficar mais tempo do que já havíamos ficado não seria a melhor opção para as nossas economias, que começariam a ser consumidas, já que o salário do Alan se reduziria sensivelmente sem os benefícios da expatriação. Nós precisaríamos pagar duas universidades e poupar para uma terceira em um futuro bem próximo.

Havia, ainda, as alterações de humor do Lucas, o fato de ainda não estar alfabetizado e a minha sensação de impotência para ajudá-lo nesse sentido.

Após considerar seriamente a opção de partir, uma agradável sensação de paz tomou conta do meu Ser e eu soube a qual lugar pertenço.

Mais uma vez, fomos consultar os nossos filhos. Conversamos com a Alice que, da mesma forma, também desejava voltar para o Brasil. Embora admirasse o Canadá, sentia falta dos brasileiros. Erik ficou triste, pois adorava o país e a língua, e desejava viver ali para sempre. Se quisessem, ambos poderiam cursar universidade no Canadá ou em outro país, em um futuro próximo. Lucas, mais uma vez, foi apenas informado. Meu filho, com apenas seis anos, já era bilíngue, isso era muito bom!

Alan prezava muito a qualidade de vida que tínhamos naquela sociedade e estava disposto a viver com as privações que prevíamos para os seis anos seguintes, de forma a conseguirmos colocar os três filhos na universidade com o salário que receberia. Era uma troca que víamos como factível, mas ele disse que não faria sentido estar onde eu não estivesse feliz. Ele acredita no lema *"happy wife, happy life"*, ou seja, mulher feliz, vida feliz. Essa é uma piadinha bem verdadeira.

Felicidade é algo relativo, pois diz respeito não somente ao modo como você encara a sua vida, mas também aos seus valores mais íntimos. Não é algo mensurável e nem comparável. Quando se vive em consonância com os próprios valores, é ela que intimamente te norteia. Não há certo ou errado. Há o que te faz bem.

A vida é feita de escolhas. Sem elas, corremos o risco de estagnar. Três anos antes, iniciamos um novo ciclo em nossas vidas. Nos parecia que aquele ciclo havia terminado e estava na hora de agir novamente.

Tomar uma decisão contrária ao desejo de quase todas as pessoas que conheço não foi fácil. Eu tinha consciência de que voltaríamos a estar sujeitos às mesmas violência e corrupção as quais inspiram a todos quererem sair do Brasil. Eu estava ciente dos riscos e os assumi. Mesmo com o consentimento da minha família, eu me sentia responsável pela decisão.

Não acredito que exista um destino, mas, também, não acredito que as coisas aconteçam por acaso. Viver o respeito ao próximo, o acolhimento da diversidade, a solidariedade e a ampla inclusão nos fizeram ver que nada disso é utopia. Eu tinha a certeza de que meus filhos seriam filhos muito melhores para o nosso país dali em diante.

Agora, éramos mais fortes. Testamos nossos limites, "exorcizamos fantasmas" internos e descobrimos que somos bem mais capazes do que imaginávamos. Também, aprendemos a ter um olhar mais carinhoso para com o próximo. Reforçamos o conceito de que devemos fazer o certo, mesmo que não haja ninguém olhando; e que ser gentil faz bem. Aprendemos que somos todos responsáveis pela sociedade que temos, e que esperar pela mudança não é uma alternativa salutar. Precisamos fazer o bem para as pessoas, ainda que seja só um pouquinho, todos os dias. E o mais importante: devemos cuidar das nossas crianças e jovens – de todos eles. Se quisermos saber como será o futuro do nosso país, observemos como cuidamos deles.

CÔNJUGE: COMO FAZER DAR CERTO?

Lembro-me da aula multicultural que tivemos antes de tomarmos a decisão da mudança para o Canadá: 80% dos casos de expatriação que não foram bem-sucedidos se deveram à dificuldade de adaptação do cônjuge do expatriado à nova vida.

Eu não diria que o nosso caso de expatriação deu errado, afinal, nós cumprimos o contrato com a empresa. Mas também não posso dizer que deu certo, pois eu não quis permanecer no Canadá quando nos foi oferecida a oportunidade. Por agora entender o que eu poderia fazer para dar certo, nesse capítulo eu converso com aquele(a) que pensa em se dispor a acompanhar seu parceiro(a) em uma experiência de vida no Canadá.

Devido ao meu problema linguístico, ainda a ser explicado, creio que se eu tivesse ido para Toronto mais jovem, teria tido mais sucesso na internalização da língua. Como eu já disse, a idade influencia a capacidade de assimilação dos idiomas. Quanto mais jovem, mais fluido e rápido é o aprendizado. Isso não significa que pessoas mais velhas sejam incapazes de aprender, não mesmo! Apenas terão sotaque acentuado e demorarão um pouco mais para chegar lá. Quando estamos imersos no outro idioma, o aprendizado é garantido!

Também acredito que se eu tivesse começado a trabalhar desde o início da expatriação tudo teria sido mais simples, mesmo que a minha evolução profissional fosse lenta, dada a minha questão linguística. Além disso, eu poderia ter encontrado um trabalho de meio expediente, algo bastante comum em Toronto, de forma a não comprometer o ajuste da minha família.

Eu acreditei que o trabalho voluntário na escola seria suficiente, mas não previ que ele não me estimularia intelectualmente. Trabalhar como ajudante no jardim de infância, apesar de ser enternecedor, de me fazer bem por estar contribuindo com a minha comunidade e de me ajudar a socializar não era algo que estimulasse meu cérebro, que permaneceu carente de alimento intelectual.

Minha recomendação ao cônjuge daquele que pretende se aventurar no exterior é: se você está acostumado a ter uma atividade remunerada, após se mudar, não espere a sua família estar assentada e tudo estar perfeito para procurar um trabalho. Isso pode demorar um ano ou mais e as chances de a solidão bater à porta e criar problemas na sua mente são significativas.

Procure uma agência de empregos e trate de encontrar seu lugar no mercado de trabalho. Mesmo que não seja um cargo à altura do seu histórico, você precisará de experiência no país para buscar algo melhor. Considere esse primeiro momento um investimento para o seu futuro.[27]

Pense também no trabalho voluntário como uma alternativa para melhorar o idioma, ganhar experiência, se socializar e ser útil até que possa se colocar profissionalmente.

Outra opção para esse início é fazer um *College*, uma universidade ou mesmo cursos de capacitação dentro da sua área de interesse. Para as pessoas que sempre tiveram um trabalho remunerado, pode ser muito difícil permanecer sem produzir algo que as dirija para o futuro. A sensação

---

27 Empresas aéreas como a Air Canada e American Airlines costumam recrutar brasileiros.

de estagnação é psicologicamente prejudicial e ficará fácil jogar a culpa no processo de adaptação, colocando todo o movimento da família a perder.

Se você costuma ficar em casa cuidando dos filhos e está habituado(a) à rotina doméstica, ainda assim, considere buscar um trabalho voluntário o quanto antes. No seu país, você certamente possui atividades que te ajudam a se socializar. Lembre-se de que embora os canadenses sejam muito simpáticos e gentis, a intimidade leva bastante tempo para acontecer e o contato diário com as pessoas se mostrará salutar na ausência da sua antiga rotina. Além disso, a experiência do trabalho voluntário te levará a um patamar de utilidade e compreensão dos mecanismos sociais canadenses que te ajudarão a se sentir parte do local mais rapidamente.

Caso o seu inglês ou francês não sejam bons o suficiente para conseguir um emprego, inicie o quanto antes um curso de idiomas intensivo, não tenha vergonha de expor a sua ignorância e converse, peça orientação, pergunte. Quanto mais você se dispuser a falar, mais rápido aprenderá.

Procure nas redes sociais um grupo local com a mesma nacionalidade que a sua. Os conterrâneos tendem a se ajudar de forma surpreendente e a sensação incial de isolamento fica mitigada desta forma.

Logo que possível, vá até o centro cumunitário mais próximo da sua casa e se inscreva em um esporte, de preferência um que exija pelo menos duas pessoas para ser praticado. É claro que atividades físicas individuais também são importantes, pois produzem a mesma sensação de bem-estar, entretanto, não ajudam na socialização. Diferentemente do que acontece no Brasil, no Canadá, as pessoas vão para a academia apenas para exercitar o corpo. As conversas são destinadas aos momentos sociais. Quando se pratica esportes que dependam de um oponente ou de uma equipe, os bate-papos são inevitáveis e laços de amizade têm mais chances de serem criados.

Observe que durante todo o meu discurso eu insisto na socialização. Ao meu ver, tão importante quanto o contato humano e a troca de afeto é, também, o aprendizado sobre a vida local. As relações sociais permitem que o estrangeiro aprenda sobre a comunidade em que está inserido e sobre o novo país, de modo a não se sentir alheio aos temas quando eles vierem à tona.

Esse sentimento de pertença pode acontecer mais cedo ou mais tarde, a depender do quanto ele se dispuser a se expor. Ele precisará se desconstruir e se reconstruir para, por fim, achar o seu espaço na sua comunidade. Trata-se de um exercicio de autoconhecimento que todos deveriam poder ter o privilégio de experimentar.

Quanto ao dia-a-dia, encare com bom humor as novidades, não tenha pressa de aprender e saboreie o momento. A avalanche de coisas novas é divertida no início, mas causa *stress* ao longo do tempo. Não ache que você deve acertar o tempo todo. Quando errar, peça desculpas, mas não carregue o peso do erro consigo. Aprenda e siga em frente.

Quanto à sua família, não se preocupe: se você estiver bem, será capaz de ajudar no ajuste deles, que tende a ser bem menos complexo do que o seu. Seus filhos continuarão estudando, como antes faziam, seu parceiro(a) continuará trabalhando como antes e você terá de reaprender tudo de novo.

Estar com a sua família é a parte mais fácil, pois esse é o único referencial que permaneceu intacto. Preserve-o e curta os momentos às refeições, quando vocês trocarão experiências sobre o dia. Divirtam-se com as gafes, celebrem os sucessos e apóiem-se nos insucessos. Partilhem as novidades e cresçam juntos. Aprender em família é bem mais gostoso!

 *E-mail #16*

De: Lila Kuhlmann
Enviado: Terça-feira, 16 de julho de 2013 13:11
Assunto: Notícias 16

Oi, Pessoal! Há quanto tempo!

O verão finalmente chegou ao sul de Ontário após uma tímida primavera. Até a véspera do dia 21 de junho, quando se inicia oficialmente o verão no Hemisfério Norte, tivemos temperaturas de 12°C, sendo que muitos dias da primavera tiveram temperaturas de apenas um dígito. Algo totalmente atípico, que estava começando a deixar a todas as pessoas irritadiças. Não me entendam mal, o povo daqui gosta muito de frio, mas frio acompanhado de neve, pois tudo fica mais bonito e divertido. Porém, ultimamente, vínhamos tendo apenas frio e muita, *muita* chuva.

Agora, esquentou, e com a chegada do verão trazemos novidades. Estamos nos preparando para voltar em definitivo para o Brasil. As poucas pessoas que já sabem da notícia se dividem entre palavras de alegria e de zanga. Se por um lado nos querem no Brasil – e ficamos muito lisonjeados com isso, por outro lado não entendem como podemos querer voltar para um país tão desigual quanto o nosso, enquanto poderíamos viver em um local estável e justo como o Canadá.

É verdade, o Canadá é mesmo um lugar perfeito para se viver: tudo funciona, há segurança, não há inflação e o povo é amigável, gentil e educado. Fomos muito bem recebidos não só pela comunidade imigrante, mas igualmente pelos próprios canadenses. Nossa vida social tem sido tão ativa quanto era no Brasil. É mesmo uma sorte estar cercada por gente tão bacana.

Então, tenho que responder à pergunta que não quer calar: se está tudo tão bem, por que voltar? A resposta mais curta e a principal é: minha casa é o Brasil. Não é hipocrisia e também não foi falta de opção. Recebemos uma proposta da empresa, e após muita crise de consciência – sempre pensamos primeiro nos filhos – tomamos a decisão que acalmou os nossos corações: voltar.

Sinto falta de muitas coisas daí, principalmente do idioma e da intimidade que nós, brasileiros, nos damos. Sim, temos violência, corrupção, desigualdade social e, quando eu voltar, estarei sujeita a isso novamente. Reclamarei de tudo e lutarei por mudança como eu antes fazia e continuei fazendo daqui, mas apenas aí me sinto em casa. É algo além da compreensão intelectual, inexplicável.

É claro que não é apenas isso que nos norteia a voltar *neste momento* para o Brasil, preciso ser honesta. Nosso desejo era ficar mais três anos até que o Erik se graduasse no ensino médio. Alice já estaria cursando uma universidade e meu filho poderia escolher entre ficar com a irmã e continuar estudando aqui, ou voltar conosco para o Brasil. Eu estava disposta a abrir mão de mais três anos de estudo e trabalho, se necessário, em troca do benefício que meus filhos teriam. Talvez, ao fim desses três anos, eu nem quisesse mais retornar.

Porém, a proposta que recebemos da firma foi para ficarmos no Canadá em definitivo, pela vida toda, se desejássemos, como cidadãos canadenses. Não havia a opção de estender a expatriação[28]. Eu não estou pronta para esse compromisso, não agora.

Nossos filhos são bilíngues, tiveram a oportunidade de aprender uma outra cultura e, se quiserem morar aqui ou em qualquer lugar num futuro próximo (bem próximo, diga-se de passagem) terão o nosso apoio.

Pela primeira vez em 24 anos juntos, Alan e eu tomamos uma decisão baseada não exclusivamente na razão, mas, também, na sensibilidade. Estamos realmente convencidos de que fizemos a melhor escolha para a nossa família. Quanto a mim, embora eu ame

---

28 Conforme foi comentado no capítulo "O planejamento", a lei brasileira estipula prazo máximo de três anos de permanência do funcionário no exterior, na condição de expatriado.

muito o Canadá, não me sinto uma cidadã canadense. Sou brasileira.

Suponho que devemos chegar em dezembro deste ano ou em janeiro de 2014, mas nada foi fechado.

Somos imensamente gratos pelo acolhimento, por toda a gentileza e carinho que recebemos e esperamos ter retribuído a altura todas as dádivas que recebemos aqui no Canadá. Acho que deixamos uma boa imagem. Os nossos amigos canadenses já sabem onde fica o Brasil, gostaram da pequena amostragem que tiveram, tanto que nos pediram para reconsiderarmos e ficarmos. Surpreendentes lágrimas antecipadas já rolaram e, mais uma vez, assim como foi no Rio e em São Paulo, não será fácil partir.

A parte boa disso tudo é "colecionar" amizades, plantar e colher coisas boas e, principalmente, aprendizados.

ERRAR É HUMANO

Com vocês, as pérolas do "portuglês":

– O cara pretendeu ser o tio dela (*He pretended being her uncle*. Misturou os idiomas trocando a palavra "fingiu" por "*pretend*").

– Mas a Debra não foi atirada? (Queria dizer "mas a Debra não levou um tiro?").

– Eu vou te mostrar a pronunciação (pronúncia) dessa palavra.

Um super beijo, cheio de carinho e saudade,
Estamos chegando...
Lila

UM NOVO CAPÍTULO

Partir não foi nada fácil. Despedidas por tempo indeterminado podem ser muito doídas, mas também nos mostram o quanto amamos e somos amados. Abraços apertados e lágrimas de puro afeto nos deram a certeza de termos deixado uma parte de nós no Canadá e de estarmos levando um pedacinho dele dentro de nós.

Gratidão é uma boa palavra para expressar o que sentimos por esse enorme país, tão organizado, com povo multicultural, gentil e solidário, que nos recebeu de maneira tão carinhosa e acolhedora.

Após uma mudança bem mais longa do que foi a nossa ida para o Canadá, nos estabelecemos em São Paulo em junho de 2014. Estávamos todos muito diferentes daqueles que partiram três anos antes.

Alice prestou vestibular com sucesso para a Universidade de São Paulo e já está colocando em prática o que aprendeu no Canadá: trabalha como voluntária no projeto social de uma ONG onde busca influenciar positivamente a vida de crianças carentes em São Paulo.

Percebemos que a lacuna de informações que ficou do período em que vivemos fora do país foi suprida ao logo de um ano de cursinho pré-vestibular. Minha filha, no entanto, credita o sucesso que obtve nos testes à bagagem crítica que ela adquiriu no período em que vivemos expatriados.

Às vezes, Alice sente falta da educação do povo canadense, mas está feliz por ter retornado.

Erik estuda em um colégio em linha com a filosofia do Canadá. Continua um aluno automotivado e determinado, gosta muito da nova escola e do local onde moramos e cogita a hipótese de fazer universidade no exterior. Meu filho sente falta dos amigos do Canadá e do clima frio, mas parece ter encontrado o seu lugar aqui também.

Alan foi promovido pouco depois que chegou ao Brasil. Não havia indícios de que isso pudesse acontecer tão cedo se tivesse permanecido em Toronto. Ele adora o que faz, admira as pessoas com quem trabalha, mas não gosta do tempo que demora no trânsito paulistano. Meu marido também sente falta dos amigos que deixamos no Hemisfério Norte e da educação daquele povo.

Lucas tem muita saudade da neve e dos amigos canadenses, mas está perfeitamente adaptado ao Brasil e adora frequentar a escola. Em pouco menos de três meses vivendo em São Paulo, descobrimos que ele tem uma severa deficiência no processamento auditivo central, o que explica o desconforto que sentia durante o processo de alfabetização e as frequentes alterações de humor. As mudanças de idioma dificultaram a identificação do problema, pois se trata de algo não detectável pelos exames tradicionais e que afeta a capacidade de transformar informação em linguagem e vice-versa.

Isso também acontece em português, mas a ótima notícia é que após seis meses de tratamento fonoaudiológico e de treinamento auditivo ele já lê e escreve, ganhou confiança e voltou a ser aquela criança amável e alegre de antes da nossa mudança para o Canadá. Ele se orgulha de ser "fera" em matemática, mas ainda não faz ideia do potencial que tem nas outras disciplinas.

Estima-se que após dois anos de tratamento, Lucas terá a oportunidade de levar uma vida de estudante e de se socializar como qualquer criança que tem a audição perfeita. Isso tem sido um presente para nós. Suas conquistas diárias nos trazem a paz que as decisões acertadas proporcionam.[29]

Quanto a mim, logo que cheguei ao Brasil, senti-me perdida. Os referenciais nos quais eu esperava poder me apoiar já não me serviam mais. Descobri que não há como passar incólume pela experiência de aprender novos valores e uma nova cultura. Você começa a tecer questionamentos que não se referem apenas ao que vem de fora, acaba por ter de repensar as próprias verdades e precisa encarar os próprios medos. O preço do autoconhecimento e do crescimento interno é a desconstrução de si mesmo. Não há evolução sem que se coloque em cheque os próprios valores e crenças.

Quando comecei a repensar a minha vida, percebi que eu não era mais a mesma pessoa, bem como meus anseios e prioridades não eram os mesmos de anos antes. Diferentemente do que planejei, quando cheguei ao Brasil, não voltei para o Direito porque não era o que eu desejava. Em vez disso, dediquei-me a escrever esse livro, aos processos de imigração e ao tratamento do meu filho caçula, que demanda muitas horas por dia de atenção.

A volta para o meu país representou a retomada das rédeas da minha vida. A descoberta do problema auditivo do Lucas revelou a mesma deficiência em mim e explicou os problemas de aprendizagem que eu apresentava na minha infância. Entendi que a verbalização do outro idioma e a convivência em grupo eram dificultadas devido a esse "defeito" genético e que o meu desconforto com o inglês tinha fundamento. Não, eu não era covarde. Aquilo era o meu senso de autopreservação falando alto. O Canadá era mesmo um lugar maravilhoso de se viver

---

[29] Note que ao longo deste livro não teci comentários sobre os percalços pelos quais meu filho caçula passou como estudante, pois fugiria ao propósito de mostrar o processo genérico de imigração, além de ser uma exposição desnecessária. Entretanto, deixo esse relato na esperança de alertar às famílias sobre os riscos da mudança de idioma quando houver distúrbio de linguagem. Nesses casos, a meu ver, é necessário estar muito bem assessorado no país de destino para valer a pena submeter a criança à troca de idioma.

e a incompatibilidade entre nós se devia à deficiência que eu tenho no processamento auditivo central.

Refletir sobre tudo o que vivi ampliou os meus horizontes e me encaminhou para uma noção diferente do que é *viver*. Se me perguntassem se eu aceitaria a expatriação novamente caso tivesse que voltar no tempo, sabendo o quão complexo seria, eu não hesitaria em dizer "sim". O Canadá nos fez pessoas melhores, abriu os nossos horizontes e serei eternamente grata por essa sensacional oportunidade.

Tenho a pretensão de dizer que, da minha família, quem mais sente falta de lá sou eu. Sinto saudade da neve, das cores do outono, dos esportes de inverno, de tirar neve da calçada, da educação das pessoas, da solidariedade que presenciamos todos os dias e, principalmente, dos amigos que fiz. Ainda bem que posso visitá-los!

Creio que tenho o melhor dos dois mundos em mim: sou uma pessoa mais leve, divertida e útil por estar vivendo em meu país, e também sou uma pessoa mais generosa por ter absorvido o melhor do Canadá: a gentileza e a solidariedade das pessoas.

Ohhh, quase ia me esquecendo de contar: antes de partirmos para o aeroporto, fiz questão de tirar neve da calçada pela última vez.

São Paulo, 26 de outubro de 2015.

SITES RECOMENDADOS

Orientação para obtenção do visto:
http://www.canadainternational.gc.ca/brazil-bresil/offices-bureaux/services_sao.aspx?lang=eng, www.brasil.gc.ca e http://www.cic.gc.ca/english/e-services/index.asp

Vistos de trânsito ou para viagens curtas. Necessidade por nacionalidade:
http://www.cic.gc.ca/english/visit/visas.asp e http://www.cic.gc.ca/english/department/acts-regulations/forward-regulatory-plan/eta-expansion.asp

Lei trabalhista brasileira para expatriação:
http://www.planalto.gov.br/ccivil_03/Leis/L7064.htm)

A lista dos locais onde podem ser realizados os exames de saúde para obtenção de visto, por Estado:
http://www.cic.gc.ca/dmp-md/medicalinfo.aspx?CountryID=2083&ProvID=&CountryName=Brazil&ProvinceName

Pesquisa realizada na FUCAPE Business School sobre gestão internacional de recursos humanos, suporte organizacional, expatriado organizacional e adaptação transcultural de cônjuge:
http://www.fucape.br/_public/producao_cientifica/2/EnGPR386.pdf

Tradução Juramentada no Brasil:
http://eresp.itamaraty.gov.br/pt-br/legalizacao_de_documentos.xml).

EDUCAÇÃO

Fraser Institute – ranking de comparação entre as escolas:
http://www.compareschoolrankings.org/

Ministério da Educação de Ontário e as diretrizes gerais do sistema de educação:
https://www.edu.gov.on.ca/eng/

Escolas da rede privada:
http://www.cais.ca/

Organização das escolas, número de escolas por tipo, número de professores e investimentos:
https://www.edu.gov.on.ca/eng/educationFacts.html.

Escolas por distritos:
https://www.edu.gov.on.ca/eng/sbinfo/boardList.html

A Escola Alternativa Africentric:
http://www.tdsb.on.ca/FindYour/Schools.aspx?schno=3949

Escola destinada a Aborígenes:
http://www.tdsb.on.ca/Community/AboriginalEducation.aspx

Instruções para inscrição na escola pública:
http://www.cic.gc.ca/english/newcomers/before-education-schools.asp

Descrição do ensino fundamental:
https://www.edu.gov.on.ca/eng/elementary.html

Descrição do ensino médio:
https://www.edu.gov.on.ca/eng/secondary.html

CanLearn:
www.canlearn.ca

Service Ontario, local onde se obtém e renova a maioria dos documentos:
http://www.ontario.ca/serviceontario

Newcomers Centers:
www.cic.gc.ca/english/newcomer/welcome/wel-22e.html.

Programas assistencialistas:
http://www.cra-arc.gc.ca/cctb/
http://www.cra-arc.gc.ca/bnfts/ncb-eng.html
http://www.cra-arc.gc.ca/bnfts/dsblty-eng.html
http://www.cra-arc.gc.ca/uccb/
http://www.cra-arc.gc.ca/bnfts/gsthst/menu-eng.html
http://www1.toronto.ca/wps/portal/contentonly?vgnextoid=bcd25e00761
13410VgnVCM10000071d60f89RCRD

Financiamento de imóveis:
www.canadianmortgagetrends.com

TRÂNSITO

Licença para dirigir para visitantes:
http://www.mto.gov.on.ca/english/dandv/visiting.shtml

Leis de trânsito em Ontário e regras para obter a licença para dirigir:
http://www.ontario.ca/driving-and-roads/driving-and-roads

Registro de automóveis:
http://www.ontario.ca/driving-and-roads/register-and-insure-vehicle-ontario

Regras para separação e armazenamento de lixo em Oakville:
http://www.halton.ca/living_in_halton/recycling_waste/halton_waste_management_site/.
Para outras cidades, digite no Google o nome da cidade + *Waste Management*.

Informações sobre o imposto de renda canadense, quem deve declarar, o que é dedutível e o efeito cascata do imposto nos salários:
http://www.cra-arc.gc.ca/menu-eng.html

OHIP Sistema público de saúde de Ontário:
http://www.health.gov.on.ca/en/public/programs/ohip/default.aspx.

MedVisit:
www.medvisit.ca

TeleHealth Ontario:
http://Toronto.about.com/od/health/qt/telehealthontar.htm

Estatísticas oficiais de imigração para Canadá:
http://www.cic.gc.ca/english/resources/statistics/menu-fact.asp

Número de imigrantes por país:
http://www.cic.gc.ca/english/resources/statistics/facts2014/permanent/10.asp

CONTATOS DA AUTORA

 Consultoria, palestras e entrevistas: contato@canadaletsgo.com
Nossa webpage: www.canadaletsgo.com

 Fotografias referentes à experiência da família podem ser vistas no álbum de fotos da Fan Page no Facebook "Canada Let's Go". Nesta página também são postadas, periodicamente, notícias sobre visto, imigração, cultura e temas relacionados ao livro.
www.facebook.com/canadaletsgoconsulting

 Acompanhe as notícias de eventos pelo Twitter @lilakuhlmann

Vermelho Marinho Editora:
www.editoravermelhomarinho.com.br

Este livro foi composto nas tipologias
Courier New, em corpo 10,
Minion Pro, em corpo 12
e impresso em papel pólen 80 g/m^2
1ª edição – março de 2016.